中国历代谋臣系列

范蠡

恣意江湖的人生赢家

白玉京　著

辽宁人民出版社

图书在版编目（CIP）数据

范蠡：恣意江湖的人生赢家 / 白玉京著 . — 沈阳：辽宁人民出版社，2023.1
（中国历代谋臣系列）
ISBN 978-7-205-10544-0

Ⅰ.①范… Ⅱ.①白… Ⅲ.①范蠡—传记 Ⅳ.
① K827=25

中国版本图书馆 CIP 数据核字（2022）第 152938 号

出版发行：辽宁人民出版社
　　　　　地址：沈阳市和平区十一纬路 25 号　邮编：110003
　　　　　电话：024-23284191（发行部）　024-23284304（办公室）
　　　　　http : //www.lnpph.com.cn
印　　刷：北京长宁印刷有限公司天津分公司
幅面尺寸：145mm×210mm
印　　张：7
字　　数：120 千字
出版时间：2023 年 1 月第 1 版
印刷时间：2023 年 1 月第 1 次印刷
责任编辑：赵维宁
封面设计：乐　翁
版式设计：一诺设计
责任校对：吴艳杰
书　　号：ISBN 978-7-205-10544-0

定　　价：39.80 元

序　言

纵观我国古代历史，似乎每逢乱世就会有几个鹤立鸡群的绝世人才降临，惊艳世人，尤其是那些君王与枭雄，背后总有那么一两个为其运筹帷幄决胜千里、智力在天花板级别的谋士存在。

从辅助周文王姬昌建立周朝八百年基业的功臣姜子牙开始，到元末明初受朱元璋礼聘而至的刘伯温，这些谋士的作用不仅仅是帮助所辅佐的君王与枭雄们战胜劲敌，化险为夷，同时还要协助君王与枭雄们随时修改作战方针，制定目标，及时纠正他们的错失，随时为其疏导心理压力，直至辅助他们达成称霸天下的宏伟目标，拯救苍生，开创时代崭新的一页。

简而言之，一位帝王或枭雄的成功往往离不开其背后谋士们的出言献策。

而且作为一名出色的谋士，自身的智谋及远见也通常比所辅佐的君王、枭雄要高出很多，看得更远，否则就有可能被淘汰，甚至是毁了自己所效忠的利益集团，最终害人害己，得不偿失，留下污点，叫后人鄙夷。

因此，大部分谋士都是扮演着神秘而又重要的角色，尽其所能为君主出言献策，展现才华。

但你有听说过，有人做谋士做到一人之下万人之上的相国位置时，却突然摇身一变成了商人，从此以商为业，最终成为一代富可敌国的商圣吗？

可别不信，历史上还真有一位名人就是这么做的。

俗话说"人上一百，形形色色"，在我国先秦的春秋末期，有这样一位智者，他尽心尽力辅佐君王二十二载，忍辱负重，成功辅佐君王击垮了敌国，可却偏偏在最巅峰的时候选择急流勇退；随后，他便弃政从商，从白手起家到富可敌国，十九年间三次聚集家财，又三次散尽家财重新发家，最终成为一代传奇，被后世人尊称为"财神"，在那个礼乐严苛的时代里走出了一条不同于一般人的康庄大道，从此闲云野鹤般潇洒地度过了余生。

看到以上这段介绍，相信有一部分读者已经猜到这位智者是谁了。

没错，他就是千百年来中国百姓耳熟能详的"文财神"范蠡。

序　言

公元前 770 年至公元前 476 年，这个阶段的中国正处在风云变幻、群雄割据的春秋时期。

此时的"天下共主"周天子已经是日落西山、名存实亡的摆设，根本没有实力管控各个诸侯国互相之间的争斗与扩张，因此九州大地便接二连三上演了一出接着一出的"你方唱罢我登场"的好戏，齐国、晋国、楚国等强国轮番称霸天下。

而这其中，楚国凭借"后来者居上"的优势，从一个南方落后之国一路超车，绕近道，最终在楚庄王时期成功荣登"九州年度霸主"排行榜榜首，成为众诸侯国中当之无愧的大哥。

可惜由于发力过猛，后劲儿不足等问题，楚国并没有将这样的优秀战绩维持多久，到了楚灵王执政的时候，楚国的国力日渐衰退下来，国内也出现了一系列如贵族当权、君主无为、吏治腐败的现象。

我们的主人公范蠡，就诞生在这样一个年代。

史书中评价范蠡是华夏历史几千年来唯一的"完人"，而要完全了解他那多姿多彩传奇般的一生，我们还得从头说起。

目录

第一章

莫愁前路无知己，天下谁人不识君

一、寒门少年露锋芒

那是公元前 536 年的一个春意盎然、百花齐放的清晨。

在春秋霸主楚国的宛地三户（今南阳淅川县滔河乡），范蠡降生在一户姓范的贫寒农户家里。

至于父母为什么会给他起名为"蠡"，千百年来一直有很多种说法，而根据《战国策·魏策一》一书中的记载：

早在夏朝之时，河南南阳一代因有湖名为"澎蠡"。

而相传，范蠡的母亲就是在"澎蠡湖"岸边生下的范蠡，因此为其取名为"蠡"。

虽然出生很平凡，生活也十分艰苦，但是范父范母却并没有打算让自己的孩子跟自己一样甘于平凡，做一辈子农民。

他们深知唯有读书才能改变命运的道理，于是将小范蠡送进附近十里八乡唯一的学堂里读书，希望小范蠡有朝一日能登入庙堂，成为了不起的人物。

小范蠡没有辜负父母的期望，从进入学堂的第一天起就展示出了对知识强烈的渴求欲望，先生说的每一句话、讲解的每一段文字他都认真地听，认真地做课堂笔记，甚至会一字不落地背诵下来，这让教书先生都感觉到有些不可思议。

他教了一辈子书，接触过不少孩子，因此深知小孩子是最没有自控能力，最难管教的。

而小范蠡却是个例外。

虽然年纪小，但小范蠡却比同年龄段的孩子们显得老练，看待事物也更加透彻，总是能够别出心裁，举一反三。

根据史料记载，范蠡不仅满腹经纶，学富五车，而且在武学方面也有很深的造诣，是妥妥的文武全才的人物。

看到这里，你可千万别误以为范蠡是有那种能登萍渡水、踏雪无痕高来高走的武学造诣。

笔者这里说的"武"指的是先秦时期"君子六艺"当中的"御"与"射"。

在中国古代，"六艺"指的是贵族教育体系中的六种技能，相当于一种表明尊贵身份的能力，而作为普通老百姓若想改变命运，挤进贵族圈，除了满腹经纶的学问外，也要学习"六艺"当中的技能才能获得别人的认可。

而关于"六艺"一直有两种说法，其一说的是读书人必须得学的六种技能：礼、乐、射、御、书、数。

这其中的"礼"现代人比较好理解，指的就是礼节，类似于现今的德育科目；"乐"也比较好理解，指的是音乐；"射"顾名思义，指的就是弓射，这个明显就是跟"武"相关的学科了；

"御"指的是驾车，搁现在就是考驾照；"书"即文学、写字，包括阅读和写文章；"数"说的是数学的计算能力和与此相关的理论知识。

在《周礼·保氏》中就有写道："养国子以道，乃教之六艺：一曰五礼，二曰六乐，三曰五射，四曰五驭，五曰六书，六曰九数。"

此外，在汉代对"六艺"的解释则是：儒以六经为六艺，即《易》《书》《诗》《礼》《乐》《春秋》。

五礼即："吉"礼，用于祭祀；"凶"礼，用于丧葬；"军"礼，用于田猎和军事；"宾"礼，用于朝见或诸侯之间的往来；"嘉"礼，用于宴会和庆贺。六乐即"云门""大咸""大韶""大夏""大濩""大武"等古乐名。五射即"白矢""参连""剡注""襄尺""井仪"。

换言之，在那个年代，作为一个读书人，光凭借着渊博的文韬学识是远远不够的，还得要有有胆有识的武略加持才行，而能达到文武兼备并不是一件容易的事，在当时那个年代也没有几个人能做到。

但这丝毫难不倒天资聪慧的小范蠡。

他仿佛天生就是家长口中的"别人家的孩子"，不但书本知识吸收能力快，在"射"与"御"这两项科目上也比同年龄段的孩子掌握得快，是个德智体美劳全面发展的孩子，综合成绩总是能独领风骚，长期霸占学堂里"三好学生"的位子，将一起上学的同学甩出去好几条街，时间一长，不仅在学堂里成了小明星，同时也成为了附近十里八乡的天才少年。

范蠡每次的弓射成绩都是全年级第一，能够百步穿杨，直中靶心；驾车的技术也是名列前茅，很快就能熟练驾驶，没多久就拿到了"驾照"。

而且随着年龄的增长，范蠡对道家学术逐渐产生了浓厚兴趣。

道家思想讲究的是用"道"来探究自然、社会以及人生之间的关系。

"无为无不为，顺其自然无为而治，大道无为"是道家思想的核心。

范蠡自从接触了道家思想，就仿佛是打开了一扇通往新世界的大门，整个人的性格都变了，对世间万事万物的看法也有了不同以往的理解和认知。

可以说，在童年及少年这段人生最重要的成长阶段里，范蠡过得非常快乐，也学到了很多。

可是，快乐的时光总是短暂的，在人生的成长道路上没有一帆风顺的事，一个人总要经历些风雨才能真正体会到彩虹的美丽，每个人都是如此，少年范蠡也不例外。

二、装疯卖傻等知己

在范蠡未满弱冠的时候，范父范母就相继去世了，此后的范蠡便跟着哥哥与嫂子生活。

父母的离去对范蠡打击不小。

在这个阶段里，他的性情也有了很大变化，总是一阵清醒，一阵疯癫，举止异于常人，而且经常蓬头垢面、破衣烂衫地在大街上到处闲逛，好似后世的济公和尚一般。

久而久之，在当地人眼中，范蠡从"天才少年"转变成了"狂生少年"，周围的人对他都是避而远之，生怕一和他说话就被其传染上了疯病。

在汉代袁康所著的《越绝书·外传纪策考》中对年轻时的范蠡有这样一段记载："其为结僮之时，一痴一醒，时人尽以为狂。"

哥哥和嫂嫂知道范蠡是因为父母的离世才会变得如此，但看着曾经聪明绝顶的弟弟如今变成一个疯子实在不免忧心忡忡，于是夫妻俩便四处寻医问药，只希望范蠡能恢复正常。

但更让人觉得神奇的是，范蠡越是这样疯疯癫癫地行事，名声反而越大，导致慕名而来拜访他的人也越来越多。

街坊邻居们都很奇怪，一个疯子怎么会有这么大的魅力？

殊不知，这正是范蠡的算盘。

其实他一点也不疯，更不傻，但他就是要以这种疯疯癫癫的状态来示人，引起大家的注意，好让众人都认为他是真疯了，而只有少数真正有智慧的人才能看出他葫芦里究竟卖的是什么药，从而争先恐后地来拜访他。

当时的楚国在众多列国中是当之无愧的霸主，无论军事、文化等各个方面都是佼佼者，但实际却是外强中干，政治黑暗且腐败，加之每年都有大批的人才争相来楚国投简历寻求发展，因而在这种强大的竞争环境下，有才华的人要想出人头地是非常困难的。

范蠡正是看出了这一点，所以才希望从那些来拜访自己的人中寻找出真正值得他交往的人，并与其合力干一番大事业。

三、怀瑾握瑜却遭嫌

慕名而来拜访范蠡的名流雅士有很多，但无论是谁，是何等高贵的身份，来的时候都是诚心诚意，满怀希望，走的时候却都唉声叹气，低头耷脑，更有甚者直接怒不可遏地转身夺门而去，连声"再见"也不愿意多说。

在中国古代，胸有韬略的文人大多数都有一股与生俱来的怪脾气，他们自认为有治国平天下的才能，但是又不愿意轻易地出山，主动去和有权有势的政客合作，非得要等对方来请自己才行，例如东汉末年的诸葛孔明就是如此。

当时刘备去见诸葛亮的时候，是左手提着鸡，右手提着鸭，背后还背着一大堆高档奢侈的礼品，结果诸葛亮却"耍大牌"，故作矜持，两次闭门不见刘备，非等到第三次刘备都打算在他家门口搭帐篷住下了，他才不慌不忙地让书童将刘备请进家门。

但范蠡却有所不同。

他要是能像后世的诸葛亮那样自恃身份，耍一耍大牌，吊一下大家的胃口也就算了。关键是，他压根就没有以一个正常人的状态来见人。

每次有人到家里来拜访他时，他不是像孙猴子一般上蹿下跳地现身，就是像蜘蛛侠一样用一种正常人难以做到的高难度姿势从房间里爬出来，直将对方吓得三魂悠悠，七魄袅袅，当场瘫坐在地，场面十分尴尬。

哥哥和嫂嫂对他这种行为也是非常无语，想怒斥他几句吧，但是又没他那三寸不烂之舌；不说他吧，这么一来二去得罪的人也挺多，出出进进，街坊邻居们总是在背后指指点点，夫妻俩实在觉得丢人。

第一章　莫愁前路无知己，天下谁人不识君

"说，你到底想干什么？"

一天夜里，哥哥实在忍无可忍，将熟睡的范蠡从床上拽了起来，指着他的鼻子怒声问道。

范蠡下意识转了一下眼珠子，然后一脸无辜地摇晃着脑袋，看着自己的哥哥，怯声说道："我，干什么了？……最近这两天好像也没做错什么吧？"

哥哥听到他这么说，怒气更大了，随手抓起靠在门边的扫把就冲他打了过去："还给我装……我打死你个不争气的家伙！"

范蠡见状，立刻顾不得穿衣穿鞋，闪身避开迎面而来的一扫把，跳下床，光着脚丫子就往屋外跑，一边跑，嘴里还一边喊着："嫂嫂，救命啊！我哥偷看隔壁村李寡妇洗澡的事儿被我发现了，现在要杀我灭口，你再不来我就没命了……"

说话间，哥儿俩便从屋内闹到了屋外院子里。

谁知，这时范蠡的嫂嫂早已双手叉腰，站在院子里守株待兔等着他出来了。

范蠡从屋里一出来就被她揪住了耳朵："我已经在这儿等你很久了，小叔子。"

她的脸上虽有笑容，但言语中却连一点玩闹的意思都没有。

范蠡一见她这样，心知大事不妙。

在这个家里，明面上虽然哥哥是家主，但实际当家的却一直

是他这嫂嫂，哥哥对嫂嫂那是言听计从，从来不敢违背"旨意"。

由此可见，今天这出戏也是由嫂嫂策划编排的。

范蠡反应一点也不慢，一见形势不对，立刻服软求饶："哎哟，嫂子，你先放开，都是一家人，咱有话好好说，这大半夜的，让街坊邻居听见了多不好。"

"呀，你还知道丢人啊？"嫂嫂看着范蠡，皮笑肉不笑地说道，"我以为你这整天疯疯癫癫地乱窜，早就没脸没皮了，没想到还挺在乎自己的面子。"

范蠡赔笑说道："世人觉得我疯癫，那是他们不懂我，我其实，哎哟，疼疼……"

嫂嫂揪着范蠡耳朵的手忽然一用力，痛得范蠡一阵鬼哭狼嚎，果不其然，惹来一群左右好事的邻居提着灯笼围观。

人群中有几个调皮的孩童，见到此情景，不由得发出一阵白鹅般"嘎嘎"的大笑声。

这时，站在嫂嫂身后的哥哥看见篱笆围墙院外灯火通明，围着观看热闹的都是熟人，不由得双颊一阵烧红，感到十分丢人，于是小声对自己老婆说道："行了，周围邻居都在看笑话呢，回屋去再收拾他。"

这边话音刚落，就听见一陌生男子的声音从篱笆墙外的巷口处传来问道："各位街坊，请问一下，范家是在这巷子里吗？"

第一章　莫愁前路无知己，天下谁人不识君

众人循声望过去，只见一个身穿官衙差人服饰的年轻人从巷口外走了进来，一边走着，一边继续向范家门口围观的众人问着刚才的话："请问，这里是范家吗？"说着，用手指着范家的大门。

众人都是老实本分的老百姓，平日里本本分分过日子，很少与官府的人来往，这猛地一见到差人，心里难免不会往歪处想。

"哟，这范家出了什么事，怎么平白无故地惹来了衙门口的差人？难不成是那疯子范蠡在外面惹了什么麻烦，得罪了什么有权有势的人？"

一想到这里，众人都不敢吱声，眼睛略带疑惑和恐惧地盯着这差人，而且脚下本能地向后退了几步，无意中给这名年轻的差人让开了一条道。

这差人平日里三教九流的人接触多了，因此对眼前这群百姓的反应也不感到奇怪，知道都是些升斗小民，没见过世面，因此也不再理会，径直走到范家门口，直接冲着篱笆墙院内的范兄范嫂及范蠡本人又再次问道："劳驾！请问，这里是范蠡的家吗？"

范兄范嫂一时间也蒙圈了，两人将目光不由自主地同时投向了范蠡。

"你在外面惹了什么祸？怎么连衙门的差人都找上门了？"范兄冲着范蠡低语喝道。

范嫂道："该不会是得罪了什么权贵衙内之类的，失手把人打伤了吧？"

范蠡将头摇得跟拨浪鼓似的，道："怎么可能，这十里八乡谁见了我都得躲得远远的，我就算想找人麻烦也没机会。"

范兄一听这话，气得抬手作势便要打他。

正在这时，院外那差人显然有些不耐烦了，语气有些嗔怒地道："哎，老乡，问你们话呢，范蠡是住这里吗？"

范兄心中一个劲儿地连连叫苦，但又不能不回复对方的话，只好硬着头皮转身，勉强装作淡定地回应着："对……对，范蠡是住这里，请问差爷找他有什么事？"

这年轻的差人见院内三人表情怪异，神情慌张，心知定是自己的突然到访让其不知所措，于是立刻解释道："我是县衙门口的差人，我家老爷，也就是县令文仲大人，久闻范蠡范先生少年英才，胸有韬略，乃旷世之奇才，因此特命我前来请范先生到县令府上一叙。"

范兄范嫂听见是县令请范蠡，不是抓范蠡，两颗悬着的心顿时落了下去。

差人的这句话虽让范兄范嫂两人的心落了地，却让挤在院外等着看热闹的吃瓜邻居疑惑了起来，纷纷互相小声议论。

"什么？县太爷要请范疯子去家里做客？"

第一章　莫愁前路无知己，天下谁人不识君

"奇了怪了，这范疯子究竟有多大的魅力，怎么三天两头有人来见他？"

这时，一位年长者说道："依我看，不管是谁见他，最后都没有好结果，都要被他气成疯子。"

回想起之前那些被范蠡气走的达官贵人，众人觉得长者的话分析得十分在理，于是不约而同地频频点头。

"连县令大老爷也知道我家范蠡了！你看这……快，请进，请进！"范兄态度来了个一百八十度大转弯，连忙将手中提着的扫把丢在一旁，快跑两步到院门口，将大门打开，把面前的差人毕恭毕敬地请进了门。

范嫂这时也笑盈盈地迎了上来。

这差人一边随着二人走进了院子，一边向两人追问道："还没请教，您二位是？"

范嫂笑道："我是范蠡的嫂子，这是他兄长。"

范兄点头道："对，我是范蠡的大哥。"

"哦，这样……哎，那范蠡范先生呢？"差人继续问。

范兄道："范蠡，就在这儿……"

他这句话并没有说完，因为就在他一边说着，一边转身指向先前范蠡所站着的地方时，却忽然发现范蠡早已消失不见了。

"他刚还在这儿呢。"范嫂奇怪地说着。

场面顿时显得十分尴尬。

"可能是已经回屋去了，差爷，您里面请。"

"对对对，进屋说。"

为了缓解尴尬，范兄赶紧将差人请进了屋。

可令三人怎么也想不到的是，刚一进屋三双眼睛就同时看见一个披头散发、破衣烂衫、浑身是泥的醉汉坐在厅中捧着酒壶"咕咚咕咚"似喝水一般大口喝着酒，一边喝，一边嘴里还在污言秽语、胡说八道着，俨然一个癫疯痴傻之人。

差人自然是不认得这疯子，可范兄范嫂却不想认得都不行。

因为这满口污言秽语、胡说八道的酒疯子不是旁人，正是范蠡。

范兄气得都没话说了，立刻快走两步到范蠡身旁，一把夺过他手中的酒壶，道："老弟呀，你大晚上喝什么酒？"

范蠡抬起迷离的双眼瞧着自己的哥哥，忽然痴痴一笑，仰头伸了伸懒腰，随即又打了一个大哈欠，道："先前被你搅了我的睡意，现在想用酒将身体里的瞌睡虫勾引出来。"

"哎，别喝了……县衙的大老爷派人来请你去一趟呢，还不赶紧打起精神来。"范兄说着，便向着面前的差人介绍着自己的弟弟："差爷，这便是我兄弟范蠡。"

范家十八代都是穷苦的农户，如今好不容易出了一个能舞文弄墨的范蠡，自然就成了家中光宗耀祖、扬眉吐气的唯一希望，因此范兄范嫂十分在意这兄弟的前程，哪怕是有一点点微小的希望，都能使他们激动万分。

差人盯着面前如蛮荒野人般的范蠡，将其从头到脚，上上下下看了半天，最后终于难以置信地问道："他就是范蠡？"

差人在来之前早就听说范蠡平时为人行事有些异于常人，所以多少已有了些心理准备，但看到眼前这"非正常人类"造型装扮的范蠡时，心里不免还是吃了一惊。

范蠡没等范兄范嫂开口自己便抢先说道："对，我就是范蠡，范蠡就是我，你是何人，这么晚不在家睡觉，跑我家来做甚？"

这一句话一出口，噎得差人顿时不知道说什么。

他在县衙当差也有几年了，形形色色的人见得多了，却从没见过像范蠡这般的。

县令是一县之长，是地方上最大的官员，能被县令请到家里做客的人可不多，很多人为了巴结县令，攀关系，大包小包送的礼品都堆积如山也未必能得偿所愿，这范蠡却好似根本不怵头，也不在乎。

差人定了定神，正色道："我是咱们县衙的，我家老爷久闻范先生大名，十分仰慕，因此特意差遣我来请先生，希望先生明日能够到府上一叙。"

范蠡用手挠挠自己那如鸟巢般的头发，皱着眉头，道："你家老爷是县令？"

差人道："是。"

范蠡道："叫什么？"

差人先是一愣，紧接着一皱眉，显然已有些不悦了："我家老爷名文仲。"

从来都是当官的询问老百姓叫什么，而百姓敢直言不讳地询问当官的叫什么他还是头一回遇到。

"哦，文仲。"范蠡好似恍然大悟一般，"好名字。"

他接着又道："哎，他叫你来做什么？"

差人强忍着怒气没有发作，又再次将先前的话一字不落地重复了一遍，道："我家老爷久闻范先生大名，十分仰慕，因此特意差遣我来请先生，希望先生明日能够到府上一叙。"

范蠡忽然叹息一声，道："唉，真是不懂规矩……既然他想见我，为什么不亲自来拜访呢？反而叫我去见他，真是不懂规矩。"

这回，连一旁的范兄范嫂都听不下去了，两人不约而同，一拥而上，纷纷伸出双手，争先恐后地将范蠡的嘴死死堵住了，生怕他继续说下去。

差人冷哼一声，笑道："范蠡，你只是一介平民，我家老爷可是县令，请你去那是瞧得起你，你可别不识抬举。"

范嫂打着圆场，冲着差人赔笑说道："我家小叔一喝酒就爱胡说八道，差爷，你可千万别跟他一般计较。"

差人道："话我反正是带到了，该怎么做，你们自己掂量着。"说罢，便转身头也不回地拂袖而去。

范兄范嫂连忙跟随在后，一个劲儿地向这差人解释赔礼，临到院门口时，范嫂干脆将自己耳垂上的一对金环摘了下来，塞进了差人的手里；范兄更是将自己身上所剩不多的几文钱也放在了差人的手里。

"我这弟弟，从小在田间地头长大，虽然读过几年书，但终究是没见过什么世面，您千万别跟他一般计较。"

差人看了看手里的一对金环和几个铜板，不屑地一笑，道："人们都说范蠡是个疯狂之人，今日一见，果然名不虚传……二位留步，告辞！"

他说到最后一个字时，人已经转身扬长而去。

四、冒失县令初登门

范兄范嫂送走了差人之后，返回家中如何收拾范蠡咱们暂且放下不表，单说这差人回到县衙内向县令文仲回报，将自己在范蠡家的所见所闻添油加醋、声情并茂地似说书一般，从头到尾向县令一一汇报，听得年轻的县令文仲一个劲儿地捧腹大笑，哈哈直乐，笑到最后连眼泪都流出来了也没停住。

了解范蠡生平的看官们都知道，范蠡一生中有一位最要好的朋友，也是他前期事业上最好的拍档，就是这位文仲先生，范蠡与他的感情真可以用"一生一知己，两心两相知"来形容。

两个人不仅一起去越国应聘高管，帮助落后的越国发展经济，搞建设，还帮助战败后的勾践复国并打败了吴王夫差，做过一系列惊天动地的大事，同时也改变了当时天下的格局，但这些都是后话，此时此刻的文仲还只不过是宛县的县令而已，咱们娓娓道来，一个一个接着说。

回过头来，咱们继续说文仲这边的情况。

听完差人的叙述，文仲用衣袖抹着眼角的泪花，笑着说道："太有趣了，太有趣了，这范蠡果然不是一般人。"差人看着文仲道："大人，依我看，那范蠡根本就是个不知好歹的疯子，您没有必要把他看得太重，也没有必要接触他。"

文仲道："非也，非常之人，行非常之事。像范蠡这种奇人，又怎是你我这样的一般人所能揣测的呢？"

差人一听文仲这话，不由得哀叹一声，耸耸肩道："得，那当我什么也没说吧！"

文仲道："这样，明日，你与我一起再去一趟范蠡家，我要亲自拜访他。"

差人哭丧着脸道："大人，我能不去吗？"

文仲道："为何？"

差人道："我明日休假。"

文仲道："正是因为你明日休假，所以我才让你跟我一起去。"

差人道："啊？"

文仲道："只有你去过他们家，你不陪我一起去，我又怎么找得到呢？"

差人道："可是……"

文仲打断了他的话，道："就这么决定了，不然就算你这个月旷工，你自己看着办。"

差人无可奈何地说道："好吧！"

于是，第二日清晨，刚吃过早饭，文仲与差人便启程赶往范蠡的家。

到了范蠡家所住的巷口时，差人抬手指道："巷子里最后一户就是他家了。"

他接着道："大人，我必须得提醒您一句。"

文仲道："什么？"

差人道："在见到范蠡之前你得做好心理准备，因为他绝对会颠覆你的想象。"

文仲摆了摆手，道："行了，我心里有数，赶紧走吧！"

说话间，二人来至范蠡家院门口。

文仲整理了一下衣冠，伸手准备去叩门。

可就在这时，忽听门板后的院落中传来一阵狗吠之声，震得人心惊肉跳。

文仲对狗这种动物有一种与生俱来的恐惧，哪怕平日里是老远见到一只体型较小的家犬他都会绕道而行，此时猛然听到这一阵犬吠，更是魂飞魄散，整个人就似被雷电击中了一般弹跳起三尺高，瞬间就闪到了差人的身后，紧张地道："他家有狗你怎么不早说？"

差人纳闷地道："昨天来的时候没看见院子里有狗啊？"

他不像文仲，他对狗并不恐惧，于是上前走到篱笆墙边，扒在墙上向院中望去，寻找着那狂吠声的来源。

这不看还好，一看差点没把差人给笑抽过去。

原来，范蠡家的院落中并没有狗，而那犬吠之声也并不是由狗发出的，是人发出的。

只见一个蓬头垢面、满身破衣烂衫的男子此时正蹲在院门后惟妙惟肖地学着狗叫。

而更令人想不到的是，此人也并不是别人，正是范蠡。

第一章　莫愁前路无知己，天下谁人不识君

差人刚想开口，还没来得及说话，就见到范嫂提着擀面杖从屋中冲了出来，挥舞着擀面杖驱赶着蹲在院门口的范蠡："这大清早的你又在犯什么病？别人读书都是越读越聪明，你是越读越神经。要实在待家里闲得慌，就到地里帮你哥耕地去，或者帮我打扫打扫屋子，别一天神经兮兮的。"

范蠡一见嫂嫂气势汹汹而来，立刻一溜烟地窜回了屋。

差人见状赶紧挥手，叫道："范大嫂，范大嫂……"

范嫂一回头便瞧见了篱笆墙外的差人，道："是您来了呀！"

看见昨夜的差人今天又来了，知道定是县令大人的意思，于是脸上立刻浮现出了笑容。

差人道："县令大人今日亲自来拜访，现在就在您家门口，劳烦您开一下门呗。"

范嫂一听县令亲来了，立刻转身去开院门，迎接站在门口的文仲。

站在门口的文仲不知院中的情况，还以为是真的有狗，一听见开门声，整个人立刻本能地倒退了几步，脸色也变得惨白。

幸好这时差人已经来到他身旁，小声地对他说道："不用怕，大人，他家院子里没有狗。"

文仲道："那狗叫声从何而来？"

差人笑道："唉，是那位范蠡范先生。"

文仲并没有听懂他这句话的意思，一脸茫然地看着他。

差人道："一会儿您就知道了。"

"我是范蠡的嫂嫂，您就是县令大老爷吧？"范嫂一边将二人请进了院中，一边自报家门地向文仲自我介绍道。

她是第一次见到文仲。

她实在没有想到，作为县令的文仲居然如此年轻，

按照史书上的记载，这个时候的文仲年龄也就在二十四五岁，只比范蠡大了四五岁的样子。

"是，在下是本县的县令文仲，请问嫂夫人，范蠡范先生在吗？"

范嫂已经料想到了文仲来的目的，此时亲耳听见文仲将答案说出口，更是喜上眉梢。

"在，刚还在这儿呢，您先进屋坐会儿，我这就去叫他来。"说着，范嫂便将文仲与差人引进了屋。

就在文仲与差人刚落座，范嫂准备给二人倒水的工夫，一条不知从哪儿来的大黄狗突然窜进了屋子里。

这屋子本就不大，显得很局促，因此无论是谁进来旁人都不会发现不了。

这狗可把文仲吓坏了，当场便大叫一声，跳到了凳子上，顺带还将范嫂刚给他倒的一杯热水给碰翻了。

正好这时那条大黄狗就在桌旁，因此这杯水就不偏不倚洒在了它的身上。

被烧开的热水烫一下的感觉可想而知，因此这大黄狗当场便怒不可遏地向文仲扑了过去。

要不是范嫂与差人反应迅速，及时控制住了大黄狗，文仲估计就要晕死过去了。

范嫂一边拽住大黄狗脖颈处的大铁链子往屋外走，一边叫道："这邻居家的看门狗怎么跑这儿来了？绝对又是范蠡干的，回头我和他哥非收拾他不可。"

差人向文仲道："大人不用怕，有我在呢。"

文仲被这突如其来的状况吓得出了一身白毛汗，脑子里更是一片空白，等到范嫂与那大黄狗都已远去了才总算缓过神来。

"你去看看那狗走远了没有。"他对差人说道。

差人来到屋门前向外张望着道："放心吧大人，那狗已经走远了。"

文仲道："走得有多远？"

差人道："老远，已经都看不见了。"

"行，今天就到这儿吧，我俩赶紧走！"说罢，便拾起掉落在地的帽子，匆忙地就向屋外走。

差人紧跟在他身后，忍着笑，故意问道："那不见范蠡范先生了？"

文仲没好气地说道："今日就算了。"

二人离开范蠡家没走多远，就听见身后范嫂的声音传来："大人，大人——您别走啊，范蠡他就在家里。"

文仲没有回头，也没有脸回头。

作为一县的县令，居然被一条看门狗吓得魂飞魄散，实在太丢人了。

"在下改日再来拜访，嫂夫人请回吧！"

看着县令大人如此气愤地离去，范嫂可真是怒从心头起，恶向胆边生，回身关好了院门，随即大喝一声道："范蠡……"

五、初识文仲喜相逢

日落月升，数片星辰。

这个夜晚对于文仲来说注定是个不眠之夜。

文仲躺在床榻上翻来覆去脑子里始终回想着白天在范蠡家发生的所有事，越想越觉得心有不甘。

"他为什么要如此捉弄我呢？"

"难道是想试探我够不够诚心？"

一想到这里，他猛地从床榻上坐了起来，自言自语地道：

"对，一定是这样。"

连续两次求见范蠡的失败经历并没有打消他的热情。

于是，他决定要再去一次。

花开两朵，各表一枝。

同样是这一晚，范兄范嫂二人一合计，准备联手对范蠡进行一次"思想教育"。

范兄语重心长地对着范蠡道："老弟，咱哥儿俩今晚好好交交心，你老实说吧，你到底是怎么考虑的？"

范嫂也道："是啊，你怎么想的，就跟我们直说，你哥和我也不是那种不讲道理的人。"

范蠡先看了看自己的兄长，又看了看自己的嫂子，知道今晚如果不摆平这两人自己是别想睡了，于是哑巴哑巴嘴，叹息道："其实你们根本不需要担心。"

他接着道："如果我没算错的话，今天来的那位县令文仲，过两天还会来的。"

范兄道："别胡说八道了。你今天都把人家吓成那样了，人家怎么可能还会再来？就算来也是来找我们麻烦的。"

范蠡笑道："放心吧，不会的，他不是那种人。"

范嫂道："你怎么知道？你和他之前互相都不认得。"

范蠡道："我就是知道。"

范兄不耐烦地摆摆手，道："得了吧，少放屁，我告诉你，你要是还有点人性，明天一早就跟我去县衙给人赔礼道歉，兴许人家心善不会跟咱计较。"

范蠡道："我要是不去呢？"

范兄猛地站起身，指着范蠡的鼻子，直眉瞪眼地道："那我今天晚上就替父母收拾你这不孝的儿子！"说罢，作势便要打范蠡。

范蠡连忙道："哥，你先别激动，咱们可以打个赌，我赌三天之内，那位县令必定还会再来，如果不来，到时候你怎么收拾我，我都认，怎么样？"

范兄一看范蠡胸有成竹的样子，顿时也有点拿不定主意了。

正在犹豫之际，一旁的范嫂接着道："好，三天，咱们就等三天，如果三天之内那位县令大人来了，那我和你哥什么话也不会多说，如果没来，你也别怪我和你哥对你不客气。"

范蠡道："君子一言，驷马难追。"

他话锋一转，接着道："不过趁着这两天的工夫，你俩也不能闲着。"

范兄范嫂在听，所以范蠡继续说道："哥，你明早去集市买些肉，再打几斤好酒回来；嫂嫂你明天找我哥最新、最干净的一套衣服给我。"

第一章　莫愁前路无知己，天下谁人不识君

范兄范嫂均是听得一脸糊涂，不约而同地问范蠡道："你要做什么？"

范蠡神秘地一笑，道："当然是接待客人了。"

他说这句话的时候双眼灼灼闪着光，神情也非常正常，丝毫没有往日那种疯癫嬉闹的意思。

一切正如范蠡所料，刚到第三日，文仲就又来了。

这次陪他一起来的依旧是前两次的那位差人。

两人一走进范蠡家所在的巷口，就被周围的街坊邻居给盯上了，仿佛是早已准备好等着他们来似的。

"哎，县令大人又来了，县令大人又来了！——"两三个七八岁的孩童突然大叫着转身向范蠡家跑去，像是前线的探子回城给指挥作战的将军汇报军情一般。

这么一来，弄得文仲与差人都有些紧张与不安。

文仲对身旁的差人小声道："他们这是要做什么？"

差人摇头道："不知道。"

此时，两人内心都有些忐忑，不知道接下来会发生什么，满心狐疑地向范蠡家走着。

就在即将快到，但还没到范蠡家的时候，范兄和范嫂二人已在刚才那两三个孩童的带领下出来迎接文仲了。

"草民拜见县令大人，县令大人到访寒舍，真是蓬荜生辉……"

范兄不知从哪儿学的几句词，见到文仲后就是一顿说。

文仲却完全不在意他说什么。

此刻，他只在意两件事：一，这次自己能不能如愿见到范蠡；二，自己进范蠡家的时候会不会又窜出条狗来。

事实证明他这次多虑了。

这次范蠡家里不但没有狗出现，就连范蠡本人也表现得极为正常，与之前传言中的那个蓬头垢面、整天疯疯癫癫的"非正常人类"形象简直天差地别。

范蠡今天不但表现得很正常，穿着打扮也很得体，虽然身上那件有些宽大的衣服一眼就能被旁人看出不是他自己的，却是干干净净，一尘不染；头发更是梳得整整齐齐，锃光瓦亮，明显是抹了头油发蜡，举手投足之间也是张弛有度，彬彬有礼，俨然一副知书达理文人君子的样子。

文仲感到很惊喜，也很意外，觉得自己今天没白来。

他虽已做了县令，但对眼下的政治形势很是不满，故而一直求贤若渴，想拜见范蠡也是出于这个原因。

至于之前范蠡故意装疯卖傻，学狗叫，用邻居家的狗来吓唬他，都是想看看他是否带着诚心而来。

对此他自己心里自然也很清楚，所以才会再一再二，不厌其烦地来坚持见范蠡。

二人分宾主入座后，便是你有来言，我有去语，志合意同，胡越相从，聊得十分投机，从家长里短聊到了天文地理，又谈到了天下的局势。

范兄范嫂两口子也没闲着，为两个人忙活着端茶倒水，又做了一桌子丰盛的饭菜。

史书中对二人的这次会面及谈话用了"抵掌而谈"这个词语，说明二人当时聊得非常投机，是终日而语，从清晨红日畅谈到了夕阳西下，都忘了离别的时刻即将到来。

这情况使得前来围观准备看范蠡出洋相的街坊邻居感到很是纳闷。

他们想不明白，像范蠡这样疯疯癫癫、放荡不羁的人竟然会被县令大人如此看重，而且两人谈话间，有说有笑，这究竟是怎么回事？

他们当然不会明白，像范蠡和文仲这样的人物，行事本就是一般平民百姓很难理解的。

正所谓高人行事，高深莫测。也正是如此。

于是，当时天下最有才华的两个人物便这样走到了一起，并从此成为了相互成就对方的好伙伴。

不过，接下来两位雄心勃勃、志在远方的年轻人又该如何规划自己的未来呢？

当时，楚国综合实力虽很强，但由于君主无能，吏治腐败，国力正在逐步走下坡路，而在楚国的北边有老牌贵族晋国一直虎视眈眈，东边则有新兴的吴国也在跃跃欲试，这对范蠡与文仲这样想要成就一番伟业，施展自己才华的年轻人来说无疑是很好的机会，因此两人这个阶段也有了新的想法。

第二章

大鹏一日同风起，扶摇直上九万里

一、各国局势，巧分利弊

日子一天天过去，文仲与范蠡的友情也日渐加深。

有一次，两人在聊天过程中说到了对未来事业的看法及长远打算。

文仲道："我虽然是楚国人，也做了楚国的一县县令，但对当前楚国的政治形势并不看好。"

范蠡赞同他的看法。

他也同样不看好楚国的政治环境。

文仲接着道："像你我这样有理想、有抱负的人如果继续留在这里只会虚度光阴，消耗自己。"

范蠡点头道："没错，是这样。"

文仲道："既然你也有同样的感受，我俩何不一起离开楚国，到别处另谋发展，发光发热？"

范蠡一时也兴奋了起来，道："这是个好主意。"

文仲道："北边的晋国一直发展得不错，而且我听说最近他们正在对外招聘，开出的条件挺诱人的，要不咱哥儿俩去试试？"

范蠡听到这里却将头摇得跟拨浪鼓似的。

第二章　大鹏一日同风起，扶摇直上九万里

"不好，晋国虽是老牌的诸侯国，实力目前也很雄厚，但国内政治环境和咱们楚国差不多，正在走下坡路，咱俩去了不会有什么光明的前途。"

文仲道："那你觉得齐国如何？"

范蠡依旧摇头，道："也不行，自从齐桓公与管仲之后，齐国就已经开始衰退了。"

文仲一皱眉，道："那你说吧，这天下究竟哪里适合我们发展？"

范蠡突然十分神秘地道："昨晚我夜观星象……"

他这句话刚说到一半就被一旁的文仲打断了。

"你打住老弟，咱别铺垫了，直接说吧。"

与范蠡相处日子久了后，文仲也逐渐了解了对方的性格秉性，只要一有发挥空间，范蠡就会滔滔不绝地说下去，旁人根本插不上话，直到把周围人都说迷糊了才算罢休。

范蠡酝酿了老半天的台词被无情地打断了，自己也觉得无趣，轻叹了一口气，只好接着道："未来天下的局势将会有大的变化，能在群雄之中崛起的诸侯国绝不是目前的这些强国，而在东南方一带。"

文仲道："东南方，你说的莫非是吴国？"

范蠡又开始摇头了。

"吴国目前已有了孙武与伍子胥这两位才华横溢的人物，以你我的能力，现在还没有把握能碾压这两人，因此我们俩去了只会遭嫌弃。"

孙武（约公元前545年—约公元前470年），字长卿，春秋末期齐国乐安（今山东省北部）人，被后世人誉为"百世兵家之师"及"东方兵学的鼻祖"。因被老同学陷害，后又被当时吴国的重臣伍子胥前后七次推荐，最终得到了吴王阖闾的赏识，并在吴隐居，完成了影响后世两千余年的军事战略丛书《孙子兵法》十三篇，为后世兵家所推崇，被誉为"兵学圣典"，置于《武经七书》之首。

时至今日，在中国乃至世界，依旧将其撰写的《孙子兵法》奉为经典，在军事历史上有着很高的地位，同时在商界、政界、文化等不同领域也被广泛使用，被译成英文、日文、法文、德文等二十多种语言，在各国广为流传，成为国际间最著名的兵学典范之书。

而先后七次向吴王阖闾推荐孙武的伍子胥则更是一位了不得的人物。

伍子胥（公元前559年—公元前484年），名员，字子胥，是春秋末期吴国的大夫、军事家。

史书上记载，伍子胥是一个文武双全的奇才，是"少好于文，长习于武"，有"文治邦国，武定天下"的能力。

他与范蠡和文仲一样，都是楚国人，其父亲伍奢是楚平王子建的太傅，因受费无极谗害，被楚平王处死，伍子胥便带着满腹的仇恨只身逃到了吴国。

因为当时伍子胥已经是远近闻名的人物了，所以一到吴国就立刻受到了吴王阖闾的重用，成为了阖闾身边重要的谋臣、大红人。

入吴之后，伍子胥展现了自身在政治以及军事上的才华，多次向吴王阖闾献言献策，使吴国的经济、军事等方面都有了显著提升。

公元前 506 年，伍子胥与孙武二人带兵与楚国开战，并一路势如破竹，攻入了楚国的都城，伍子胥派人掘挖了楚平王的陵墓，对着已是枯骨的楚平王鞭尸三百，以报杀父灭家之仇。

而吴国也依仗着伍子胥、孙武等惊世良才，先后击败了楚、鲁、齐等老牌国家，一跃成为了众诸侯中冉冉升起的新星。

有孙武、伍子胥这两位惊天动地的大人物做吴国的哼哈二将，吴国哪里还有范蠡和文仲这两个目前还是名不见经传的小人物的容身之地？

文仲苦笑道："东南方除了吴国有点名气外，我实在不知道还有哪个诸侯国能值得我们施展能力了。"

范蠡道："不，还有一个。"

文仲道："哦，哪一个？"

范蠡道："越国。"

越国在当时是个不起眼的偏远小国，不但国力十分孱弱，人口也不是很多，因此很少有人会选择去那里。

所以当亲耳听到从范蠡口中吐出"越国"这两个字时，文仲就笑了。

他笑得很开心，仿佛从来没听过如此可笑的事。

"我没听错吧？你居然想的是越国？"

范蠡等他笑完了，才开口说道："没错，我说的就是越国。"

他的神情很正经，一点儿也没有开玩笑的意思。

文仲正色道："你先告诉我你选择越国的原因。"

范蠡给出的理由更让文仲感到不可思议。

只听他说道："因为它小，因为它弱，因为它落后。"

文仲不懂了。

于是范蠡解释道："这个道理其实很简单，就像咱们的楚国，因为综合实力比较强，因此才会吸引大批的人才来此发展，但这些人才又不可能都留下，总要有个优胜劣汰，最后能真正被国君重用的屈指可数。"

文仲道："表面上是内外硬件都很好，待遇也不错，处处充满了机会，实则却早已有了门槛。"

范蠡道："不错，这就是所有大国的通病。"

文仲道："那越国呢？一个地处偏远，综合实力又不强的小诸侯国，它的优势又体现在哪里？"

范蠡笑道："其实，你已经将它的优势说出来了。"

文仲又不懂了。

"哦？"

范蠡道："正是因为越国的实力不强，又地处于偏远地带，所以才更渴望变强变大，更渴望外来的人才到他们那里去发展。"

这回文仲总算明白了。

他的眼睛里闪着对未来憧憬的光芒："所以，我们如果去了越国，一定会有不错的发展。"

范蠡道："不错，就是这样子的。"

文仲道："事不宜迟，我们这两天就收拾收拾，准备出发！"

说干就干，两个年轻人一拍即合，当下便各自回家，做离行前的准备。

当范兄范嫂听到范蠡要和文仲远行去谁也没有去过的越国发展，心里是既高兴，又有些失落。

高兴的是，范蠡终于要独立去做一些正常读书人应该做的事了；失落的是，那越国据说是个远在东南边的小国家，经济实力落后楚国好几个等级不说，物资也匮乏得可怜至极。

甚至还有传言说，越国那里有一半以上的人口还过着较为原始的茹毛饮血的生活，住在山洞里，穿着兽皮，吃着半生不熟也不放盐的肉。

范蠡笑着安慰哥哥和嫂子道："你们说的这些话都是道听途说的偏见，咱们这里的人，去一趟宛县县城就算是见过大世面了，哪里会知道远在千里之外的越国究竟是个什么样子呢？"

范嫂道："没有平白无故的传言，我觉得你还是冷静思考一下再说。"

范兄也道："说的是啊，你这二十年从来没有真正意义上出过一次远门，这冷不丁一下就跑到那么老远的地方去，出了事可怎么办？"

范蠡道："放心吧，如果真的有问题，我立马就撤。"

范嫂道："那里人生地不熟，万一遇到歹人将你绑了怎么办？"

范蠡道："哈哈，那就恭喜他们了。"

他接着道："咱们这十里八乡，谁见了我不头疼？……要是真遇上了歹人，谁遭殃还不一定呢。"

说了半天，范兄范嫂也劝不动吃了秤砣铁了心的范蠡，最后只能依着他了。

第二章　大鹏一日同风起，扶摇直上九万里

周围街坊邻居一听说范蠡要出国去发展，可能这辈子都不会再回到他们这小村子了，家家户户张灯结彩，煮红鸡蛋，下长寿面，纷纷喜大普奔，互相道喜。

众人赶在范蠡出发之前的那个清晨就在村子口锣鼓喧天像送瘟神一般地欢送这个让他们烦了好多年的"范疯子"。

范蠡看着眼前的左邻右舍，非常有礼貌地向众人深施一礼，正色道："各位街坊父老，我范蠡今日就离开了，往日多有得罪，还请各位不要往心里去，也别跟我计较，日后我家中就只剩下哥哥和嫂嫂了，还望各位能帮着多照料照料，拜托了……"

他的神情十分自然，言语也很平稳，一点也没有往日那种疯疯癫癫的劲儿。

说完后，他便又再次向众人作了一个揖，随即转身大步流星地潇洒而去。

看着范蠡的背影渐渐远去，众人的心中忽然有了一丝丝的触动，仿佛是突然失去了什么重要的东西。

直到这时他们才意识到，其实范蠡也没有他们一直认为的那么讨厌。

有的人甚至已开始怀念往日在他们面前疯言疯语的那个"范疯子"了。

"哎，你说，这范疯子走了之后，咱们的生活是不是变得有

些无聊了？"

"是啊，以往天天在眼前晃悠感觉挺烦的，可这冷不丁走了，也变安静了，还真有些怀念他过去的那些荒唐行为呢。"

二、千里求职奔越国

两千多年前的春秋时期，是个没有飞机没有高铁也没有汽车的年代。

因此那个时候的人们要出行，除了开"十一路"用两条腿走外，老百姓最常见，也是最豪横、最快捷的一种出行方式，大概就是用缰绳套上马，或者是驴、骡子、牛之类的牲口，拉着"咯吱咯吱"作响的板车，一点点前行了。

范蠡和文仲也不例外。

两个年轻人斥巨资合力雇了一辆牛车，带着大包小包一大堆衣物和干粮开始向越国一点点靠近。

当然雇车的钱绝大部分还是文仲掏的。

他毕竟做过县令，每个月都有薪水可以领，所以自然比范蠡这种常年宅家无收入来源的人要有钱得多。

主要是他也不在乎这点钱。

但是碍于面子，范蠡也不能就此吃定朋友了，多少也得出一点儿，意思意思。

两个人这一路千山万水地长途跋涉，遭遇的各种险情自是不必多说。

单说这一日，二人经过了数日的奔波，终于来到了越国境内。

人们常说，读万卷书不如行万里路。

这句话用在范蠡与文仲身上最适合不过了。

由于越国在当时是个小且孱弱的国家，因此二人在来到越国之前，脑海里对越国的想象就是"老、少、边、穷"，并且已经做好了足够的心理准备。

但当二人真正踏上越国土地的那一刻才发现他们错了。

这里的城镇比起楚国是不算大，人也不算多，却并没有他们想象中那么穷。

生活品，日用品，这里应有尽有，虽然算不上最好的，但百姓们日常生活所需要的一切却都能满足。

范蠡看着眼前大街上人来人往，车流如织，热闹非凡的景象，不禁笑道："我们两个井底之蛙，今日总算是见了世面了。"

文仲感慨道："谁说不是呢，之前我还一直在担心来越国后会遇到各种不便，此刻看到这般景象，我之前的种种顾虑瞬间烟消云散了，看来人的确是要读万卷书，行万里路，才能切身了解

这天下之事。"

人与人之间的隔阂与误解常常伴随着遥远的距离而产生，因为距离远所以才导致互相之间不了解。

若要想改变这种情况，唯有双方主动放下成见，以一种客观的心态去走进对方身处的环境，才能了解，并看到最真实的情况。

两个人在越国都城的一间客店里暂时住下，随即便到当地府衙咨询入朝应聘的相关事宜。

一切倒也顺利。

当地府衙地方官一听二人千里迢迢从楚国到越国应聘做官，立刻眉开眼笑，以上宾之礼对待二人，并派专车将他们当天就送进宫中面见了越国当时最大的老板——越国的国君。

当然，这个时候，越国当政的并不是后来我们熟悉的勾践同学，而是他的父亲越王允常。

越王允常可以说是将越国从落后带入富强的奠基者。

他在位期间不断发展农业、陶瓷业、纺织业、造船及编织等行业，积极吸收中原先进技术，是自夏朝的无余建越国一千多年以来真正志在千里、奋发图强的一位君主。

直至允常执政的后期，越国在经济突飞猛进的同时，军事方面也有了长足的发展。

第二章　大鹏一日同风起，扶摇直上九万里

这个阶段，越国不断向外扩展领土，将国土面积向南扩充到了东至鄞（今宁波一带），西至姑蔑（今龙游一带），北至御儿（今嘉兴一带），南至句无（今浙江诸暨一带）。

如此加速超车的越国自然会让周边的国家感到不舒服。

而第一个不舒服的国家就是越国的老邻居吴国。

公元前537年，也就是周景王八年，吴国与越国在两国边界地区檇李（今浙江嘉兴西南一带）发生了军事冲突。

这一场仗算是让两国结下了梁子，此后便开始了你来我往的"擂台"式较量。

公元前510年，周敬王十年，吴王阖闾发兵攻越，占领檇李等地。

而仅仅过了五年，允常便趁着吴国跟楚国干架，国内兵力不足的时候，突然发兵攻打吴国，虽然没有将吴国灭掉，却使得积怨已久的两国仇恨又加深了好几个等级。

而范蠡与文仲恰巧正是在这样一个吴越互相仇视，随时随刻都准备干掉对方的背景下来到了越国求职应聘。

在朝堂之上，高高在上坐在君王宝座里的允常用一种非常好奇的目光盯着下面的范蠡，看了好久才缓缓说道："范蠡，范蠡，哎呀，你可真是个名人啊！孤王天天坐在这金銮殿中，从未去过楚国，却早已久闻你的大名了……"

他接着说道："你这个整天疯言疯语、行事怪异的癫狂之人，怎么会突然想到跑到孤王这里来求职？"

他的言语中明显带有讥讽嘲笑的意味。

一个在楚国出了名的癫狂之人，居然千里迢迢跑到越国来应聘越国的高管，这听上去就很好笑。满朝文武听到这里后也忍不住偷笑起来。

文仲脸上已有些挂不住了，瞬间没了底气，头也垂得更低了，恨不得立刻找个地洞钻进去。

他实在没想到有关范蠡那些不好的传闻，竟然会被远离楚国宛县千里之外的越王知道。

但奇怪的是，就在周围人用讥讽、嘲弄的眼神及笑容盯着范蠡时，范蠡却显得十分坦然。

他脸上既没有羞愧，也没有难为情，反而是一脸无所畏惧的表情。

他似乎根本不在乎越王允常的话，也不在意周围人异样的眼光。

只听他不卑不亢地缓缓说道："我所居住的村子，属于楚国宛县管辖，那里算是楚国比较偏远的地带了，因此我们那里的人很少有人出去见过世面，对千里之外越国的所有信息更是道听途说。"

第二章　大鹏一日同风起，扶摇直上九万里

没有人打断他，金銮殿内的所有人都在听他说着，所以他继续说道："在我们那里人人都认为贵国至今依旧有一半以上的百姓过着较为原始、食不果腹的生活，连君主和大臣们上朝时都穿着兽皮和树叶子，经济与军事方面更是落后于周边国家好几个等级。"

在越国的金銮殿，当着众多文武百官和君主的面说了这么多越国的负面信息，除了范蠡外，天下恐怕没有其他人有这么大的胆子了。

就连此刻与他站在一起的文仲都听不下去了，几次暗中拽着他的衣角，示意他别往下说了。

可范蠡却像是丝毫没有察觉到一样，依旧自顾自地说着。

好在这时越王允常并没有发怒，依旧耐心地听范蠡说着。

于是范蠡说道："但当我与好友文仲二人来到越国之后才发现，之前我们听到的那些有关越国的传闻全是胡说八道，而我们之前在对越国一点儿都不了解的情况下就先下了判断，这本身就是一件非常幼稚可笑的事。"

听到这里，众人仿佛有些明白范蠡要说什么了。

越王允常目光如炬地盯着范蠡。

他已经隐隐感觉到眼前这年轻人并不简单了。

"所以，你要说的是……"

范蠡说道："我要说的很简单，无论是谁，在面对不了解的人与事物时，往往都会只凭着自己的感觉或一些不切实际的风言风语妄下定论，这本就不是一种聪明的做法。"

听到这里，在场的所有人都明白了范蠡话中的意思。

"说得好，说得妙！"越王允常忽然拍手，高声道，"人不可貌相，海水不可斗量，看来孤王的确是低估你的能力了。"

他紧接着又说道："像你这种人才正是我越国目前最需要的，孤王准备封你做……"

他这话刚说到一半，却忽然被范蠡打断了。

就听范蠡说道："我不做官，也不要薪水，我什么都不要。"

这回越王允常又不懂了。

他实在想不明白，范蠡不远千里从楚国来到越国既不做官，也不拿钱，为的究竟是什么呢？

"莫非范蠡这是在故意戏弄孤王不成？"一想到这里，越王允常脸上就有了怒意。

不仅允常不懂范蠡话中的意思，在场所有人包括文仲在内也都是丈二和尚摸不着头脑。

文仲皱着眉头，疑惑地看着范蠡，小声地对其说道："别胡闹，这里可不是宛县，惹怒了越王咱俩都得见阎王去了。"

可范蠡却像是根本没有听见文仲在说什么。

他的脸上依旧是一副泰然自若的模样。

就在越王允常准备发怒的时候，就听见范蠡那不卑不亢的声音再次响起，解释道："我只希望越王能给我特权，能让我在越国境内随便走，随便看，等我了解了贵国的优势及劣势，并且有了好的建议后自然会来向您说的。"

这种要求真是闻所未闻，见所未见，越王允常和在场的所有小伙伴都惊呆了。

范蠡又紧接着说道："当然，这期间，我的衣食住行您得全包了。"

越王允常用手捻着腮下几乎全白的长须，眯着眼，皱着眉道："那寡人要是有事该如何找你呢？"

范蠡道："您要有事想见我可以告诉文仲，让他来找我，我会和他保持联系的。"

文仲一听这话，心想："好你个范蠡，这算来算去，把我给算进去了，咱俩一起来越国，最后你表面上是这也不要，那也不要，却让越王管你吃，管你住，供着你在越国到处耍，还让我给你做信使，替你俩传递消息，可真有你的呀！"

可没想到的是，这看似荒唐至极的要求，越王允常居然答应了。

越王允常点点头，道："行，那就这么办。不过，这可不是长期的，我只给你半年的时间，半年之后你若是给不出治国兴兵的良策，寡人可要向你问罪。"

半年的时间，说长不长，说短也不算短，毕竟越国目前急需优质人才，可没有时间浪费在庸才身上。

这个道理范蠡自然能明白。

因此范蠡很痛快地说道："好，一言为定。"

于是，从这天起，范蠡在越国就成了奉旨四处调研"闲逛"的流动人员。

三、文仲之论

这世间的事物往往出人意料，表面上看似完美顺畅的事，其实私下充满了波折与困难。

范蠡就是如此。

这头他刚得到了越王允常的赏识认可，公款包他吃喝住行，在越国境内四处调研走访，另一头便立刻遭到了心术不正的小人的妒忌。

当时越王允常身边有一位心腹，也是越国当时的大将军，名叫石买。

根据史书《越绝书》中的记载，这位石买大人十分残暴，在

第二章　大鹏一日同风起，扶摇直上九万里

吴越两国大战时，也就是在勾践同学卧薪尝胆之前的一段时期，这位石买大人就因为在前线领兵打仗时滥杀无辜、体罚手下将士等问题失去了军心，被身边的同事秘密写了封举报信给勾践同学。

结果不出意料，石买大人各项罪行都确凿属实，已经到了军营中人人恐慌的地步。

为了稳住军心，勾践当断则断，免去了石买所有职务、军务，剥夺了其所有权利，判处死刑。

当然，这些都是后话，我们暂且不论，回过头来接着往下说。

这石买对范蠡和文仲的到来感到很不舒服，见二人来势很猛，而且都是饱读诗书、满腹韬略、兵书战策无一不通的优质青年才俊，石买由此对二人产生了深深的嫉妒感，认为范蠡和文仲是来和他抢饭碗的，感觉自己在越国庙堂里的地位即将不保。

巧的是在越国朝廷中有这种想法的并不止石买一人，于是石买很快就找到了与自己"志同道合"的盟友。

众人结成了一个反"范、文"联盟，并经过联盟会议选举，推荐石买作为众人的代表，进宫向越王允常进言，表达他们对范蠡、文仲二人的种种不满。

石买是个智商非常高的人，在越王允常面前他并没有直言不

讳地表达自己与其同僚们对范、文二人的种种不满，而是先举了个例子，缓缓说道："一个整天以自己的美色到处招摇的女子必定不是什么内心单纯善良的好女子；同理，一个整天到处炫耀自己学识的读书人也未必能做大事。"

一听到这话，越王允常便感觉到石买这话里有话。

果不其然，就听石买接着说道："咱们越国在众诸侯国中并不算大国，实力和经济都与其他国家有一定的差距，可范蠡和文仲二人却不远千里从楚国选择到咱们这儿求职发展，这是为何？"

越王允常在听。

于是石买继续道："假如他二人真有安邦定国的本事早就被楚、晋、齐、鲁等实力雄厚的大国挖走了，怎么还会到咱们这里来呢？"

他说的这些也的确是客观存在的疑点，越王允常也果然有些被他说动了。

石买一看自己的话有效果，赶紧继续道："依微臣之见，范蠡与文仲二人未必是有真本事，大王您千万别只凭他俩耍几下嘴皮子，就被蒙骗了。"

石买的这些话完全体现了其心胸狭隘的特点。

但人的心理有时就是这么奇怪，往往越是这种挑拨离间的话，越是能挑动人心，而且感染力极大，传播得相当迅速。

没过多久，石买挑拨越王允常的这些话就传到了范蠡和文仲的耳朵里。

那时的范蠡还很年轻，而且是个自尊心很强且敏感的人。

自尊心强和敏感这两个致命的缺点不就是那些心高气傲的年轻人常有的通病吗？

当范蠡听到这些话的一瞬间便蹦起三尺高，怒发冲冠，大骂石买是个卑鄙无耻的小人。

他觉得自己千里迢迢、不辞辛苦来到越国，本想有一番作为，可以大展宏图，没想到却遇到了石买这种背后耍阴谋的小人，日后还要与其同朝为臣，实在没什么意思，也不愿意找越王允常去解释，当下便要收拾行囊走人，一旁的文仲怎么劝都劝不住他。

"我怎么能和这种人同朝为官？咱俩这才来越国几天，他就耍这心眼，日后时间长了还不知怎么欺负咱俩呢……不干了，走人，此地不留爷自有留爷处！"

文仲劝说道："你先别冲动，他耍阴谋归他耍，越王听完了他的话不也没将咱俩怎么地嘛，这说明越王并不是那种容易听信谗言的人，依我看来，咱俩还是得进宫去找越王一趟，当面向其解释清楚再做决断。"

范蠡道："还解释什么？越王现在暂时没对咱俩怎样，并不代表他没有想法，说不定这会儿，他正捻着他那腮下五绺长胡子，眯着小眼睛，琢磨着怎么折磨你我呢。"

不管文仲怎么说，范蠡就是吃了秤砣铁了心要走。

文仲一看实在劝不动范蠡，最后干脆也不再劝了，无可奈何地对范蠡说道："算了，那你走吧！"

这情况倒是让范蠡有些始料未及。

其实他这人就是这样，天生的毛驴脾气，你越劝，他越来劲儿，等到你心累了，不劝了，他反而自己消停了。

就听文仲说道："不过在你走之前，我可要提醒你一句，假如越王真动了整咱俩的心思，你现在就算想走也是走不了的。"

整个越国都是人家越王的，只要他一下令，让守城兵卒及时关闭城门，就算是只苍蝇也飞不走。

这个道理并不复杂，范蠡自然也能想到。

于是范蠡一屁股坐在了地上，顿时没了主意，不自觉地叹了一口气，道："那现在该当如何？"

这下范蠡是彻底冷静下来了，也彻底没了主意。

文仲一看范蠡失魂落魄的样子，是又好气，又好笑。

文仲毕竟是做过县令的人，因此处理官场上的事要比范蠡显得更有经验。

第二章　大鹏一日同风起，扶摇直上九万里

"这样吧，明日我一个人进宫去找越王，探探他的想法，借机向他解释解释，如果实在不行，就向他辞行，咱俩一起走，你看如何？"

范蠡忽然道："他万一当场将你拿住怎么办？"

文仲摆了摆手，道："那倒不至于。"

范蠡道："何以见得？"

文仲道："他好歹也是一国的君主，咱俩只是来越国寻求发展的，又没有冒犯他什么，更没有作奸犯科，他既然不用咱俩，也没有什么理由为难我们。"

范蠡觉得文仲说得有道理，于是一拍大腿，道："行，就这么办吧！"

第二日，文仲进宫见到了越王允常。

在来之前的路上文仲早已将要说的话想好了，所以当见到越王允常时也不紧张，有条不紊地按自己的设想说道："自古有能力的人都难免会遭到旁人的嫉妒和诋毁，而石买说的这些话自然也不是真实的情况，因为一个人看问题的角度有时候往往过于主观，难免带有偏见色彩，所以还望您三思，认真斟酌。"

听完文仲的话，越王允常陷入了沉思。

他不得不承认文仲的话也不是没有道理。

就在这时候就听文仲又道："天下有志之士，并不在于远近

取也。"

这话的意思就是说：一个人是否有真实才学，不应该以对方距离自己的远近作为判断依据。

文仲很明显是告诉越王允常，对于自己与范蠡这种不远千里赶来求职的人才，不能仅凭几句风言风语就贴上"否定"的标签，一定要慎重。

文仲的一番慷慨言辞触动了越王允常。

眼前这年轻人果然非等闲之辈。

这样的人物自然是越王允常目前非常需要的。

于是他下令立刻命人去将范蠡请进宫，以上宾之礼接待，并委以重任，同时将之前来打小报告的石买派到了越国边防线镇守边关，从此不再信任。

范蠡一看越王允常如此诚心诚意地对待自己，不偏听偏信，看来自己和文仲选择到越国是正确的。于是，从这天起范蠡便安下心来留在越国发光发热，很快便成为了当地家喻户晓的风云人物。

白云苍狗，岁月蹉跎。

一转眼就来到了公元前 496 年。

这一年，年迈的越王允常去世，其子勾践继位。

越王允常在位时间约从公元前 538 年至公元前 496 年，前后

第二章　大鹏一日同风起，扶摇直上九万里

共四十二年有余，算是越国二十多代君主中在位执政时间最长的一位（另有一部分史学家认为，越王允常在位执政时间应该长达六十年，但由于此观缺乏确凿的史料依据故在本文中不做详述）。

正如前文所提到的，在允常执政期间，越国逐渐由弱变强，从众诸侯国中脱颖而出，但也因此使得越国遭到了邻国吴国的妒忌。

在允常执政的后期，因三天两头与西北边的吴国发生冲突，因而导致两国结下了梁子，最终掀起了吴越两国争霸的滔天巨浪。

而同样是在公元前496年这一年，我们的主人公范蠡已从最初的那个言行有些怪异的天才少年蜕变成了一位成熟稳重、足智多谋，且有丰富从政经验，颇具魅力的中年男子兼政治家。他被新上任不久的越王勾践提拔封为越国的上大夫，成为了勾践身边智囊团里的首席顾问官，从此正式开启了开了挂的从政之旅。

可是仅仅过了两年，到了公元前494年，越国就遇到了前所未有的巨大危机。

这时，吴越两国矛盾已到达了临界点，战事频发，百姓们的生活更是朝不保夕，颠沛流离。

作为实力较弱的越国，所面对的除了一直跟自己过不去的强大吴国外，还要时刻提防着其他邻国随时可能来犯，真可谓是在

夹缝中艰难求生存，连睡觉都不敢合眼，咬着牙在较劲儿坚持着。

而面对强手如云的大国们，作为越王勾践身边智囊团首席顾问官的范蠡，又该如何辅佐刚登基不久的国君越王勾践呢？

他俩这一君一臣之间，又会发生怎样有趣的故事呢？

第三章

山河破碎风飘絮，身世浮沉雨打萍

一、檇李之战

咱们还是从公元前 496 年这一年开始说起。

就在越王允常去世，新国君勾践登基不久，西北边的吴国立刻就收到了探子的回报。

吴王阖闾得到此消息后，立刻将文武大臣们全部召集起来开了会议。

众人一致认为，新上任的越王勾践年纪尚轻，治国、治军的经验均都不足，越国境内此刻肯定是一片混乱，因此这是一次千载难逢教训越国的机会，一定要将越国彻底击垮，使其没有能力再反击，以后可对自己一方俯首称臣，岁岁来朝。

于是乎，数十万吴国的精兵强将便选择了一个良辰吉日，雄赳赳、气昂昂地向着越国开拔。

越国虽然军事实力欠佳，但也不能任人宰割，加之新君继位不久，若第一仗就认怂了，那将会使越国的民众信心丧失，以后就永远抬不起头了，因此这一仗在所难免，硬着头皮也要打。

吴越两国在檇李（今浙江省嘉兴西南一带）拉开了阵势，准备血战一场。

其实两国在此处开战已经不是第一回了，上一次是在公元前

510 年。

那一年的越王允常也是刚登基不久，踌躇满志，雄心勃勃，有很多想法想在大周的政治舞台上施展，因此先在国内制定了一系列有利于经济、军事的政策，积蓄国力，瞅准机会准备随时带领落后多年的越国一飞冲天，横扫各国，笑傲九州。

而与此同时，地处越国西北边的吴国也在准备着与老牌大国楚国一决雌雄。

但在正式与楚国开战之前，也是为了没有任何后顾之忧，吴国准备先教训一下与自己相邻的越国，好叫其老实一些，别趁着自己一方在前线与楚国开战的时候在后面搞小动作。

那一战用"势不可挡"四个字来形容吴国真是一点也不为过。

吴国军队在"兵圣"孙武的指挥下简直有如神助，不仅打得越国军队是丢盔弃甲，四散奔逃，而且还长驱直入，并在越国境内大肆烧杀抢掠，放飞自我，潇洒疯狂了一把。

根据史书《吴越春秋·阖闾内传第四》中所记："五年，吴王以越不从伐楚，南伐越。越王元常曰：'吴不信前日之盟，弃贡赐之国，而灭其交亲。'阖闾不然其言，遂伐，破檇里。"

这一战被称作"檇李之战"，直接拉开了吴越两国近四十年，相互仇视，龙争虎斗的序幕。

而檇李之战的第二回幕，就是在公元前 496 年，我们此刻所要说的就是这一战。

　　这一次的吴国军队依旧是信心满满，势在必得，甚至有点儿得意忘形的架势。

　　在他们吴国人眼里，打越国就像是一头大象踩死一只蚂蚁一样轻松简单，根本不需要动太多心思，也不需要动太多体力，顶多也就是活动活动筋骨，热热身的运动量而已。

　　而越国一方，则是由国君勾践亲自带兵上阵，显然是重视这场仗的输赢胜败。

　　战事一开始，勾践一方见吴军将士阵列整齐，毫无破绽，连一只苍蝇也难飞进去，如果上前与其硬拼是绝对占不了什么便宜的。

　　于是他急中生智，临时组织了一支敢死队，想冲破吴军的队阵。

　　可这临阵组织的队伍既没有作为敢死队冲锋陷阵的临场经验，队员互相之间更没有默契，哪里能达到冲破吴军布阵的目的呢？

　　结果可想而知，这支临时组建的杂牌敢死队一登场就被吴军全部擒获了。

　　见此情景吴军全员将士纷纷放声大笑，嘲笑越军的不自量力。

吴军将领甚至向越军放出狂言，喊话道："这么弱，连个娇滴滴的小娘子都不如，还打什么仗？哈哈哈……不如早些投降做俘虏，我还可以保住你等的性命。"

勾践当然不会就此认输。

他虽然刚登基不久，很多事情还没弄明白，还在熟悉学习的过程中，但也是踌躇满志，雄心勃勃，想干一番大事业的。

人不怕失败，怕的是失败一次就不再尝试，和没有直面失败的勇气。

于是，就在吴国军队全员上下嘲笑越国军队无能，笑得前仰后合，眼角都流出晶莹的小泪花时，勾践同学又派出了第二支敢死队。

这一次队伍的成员们显然比之前要有经验得多，无论速度、反应，都非常迅速，相互之间配合也很默契，一看就知道不是临时拼凑组合而成的。

他们排成三行，整齐划一步至吴军阵前，异口同声呐喊着，前一排的士兵甚至抽出腰衽断刃当着吴国将士们的面自刎而亡，以示自己一方不惧生死的勇气。

这一切发生得太突然，看得吴国将士们都傻了眼。

显然之前的那支临时拼凑出的敢死队，只是用来麻痹吴国军队的，此时此刻的这支才是越国真正的死士。

先前带头嘲笑越国的那名将领此刻已察觉出了端倪，脸上的笑容也立刻消失。

说时迟，那时快！

仅在瞬息之间，越国的这些死士已经挥舞着手中的长戈来到了吴国军队前，眼看就要将吴军的项上头颅砍下当酒壶了。

但吴国军队的整体强悍实力在那儿摆着，就算士兵从上到下都有些松垮懈怠，但常年与大国征战积累下来的经验和军人们个体过人的素质可不是吹的，又怎会轻易被小小的越国敢死队击垮？

一阵震天动地、撕心裂肺的嘶喊声与刀光剑影过后，吴国将士们的头颅依旧安安稳稳地在自己的脖子上，丝毫未动，而越国的敢死队成员们的头颅却已搬离了老家。

可这还不算完，就在吴国将士们都还没有反应过来之际，越国军队瞅准机会开始向吴国将士们正式发起了猛烈攻击。

吴国将士们万万没想到越国军队竟然会来这么一招，措手不及之间两队人马交锋在一处，打得是昏天黑地，日月无光。

越国军队人人抱着必死的心而战，所以也根本不在乎吴国士兵们作战有多勇猛，手段有多残忍。

而反观吴国军队则不同。

在他们之前的观念里，越国军队一直是孱弱、不堪一击的形象，自己一方常年与大国们争雄，积累下不少实战经验，应该更强，他们打越国用"降维打击"来形容才对。

可此时此刻，眼前的越国军队却完全颠覆了他们的认知。

越国士兵们不但丝毫不孱弱，甚至可以说是根本就没拿自己的命当回事儿，看见对方的大刀向自己飞奔而来，既不眨眼，也不躲，就那么硬生生地用自己的血肉之躯去扛，一副誓死不屈的架势。

俗话说：不怕横的，就怕不要命的。

越国军队现在的表现就诠释了这一点。

吴国士卒们可被这景象给吓傻了，瞬间心理防线就崩塌了，他们四处征战多年，再强悍勇猛的部队也见过不少，可像眼前越国这般不要命的却还是第一次见。

在这样的恐惧心理压迫下，不败才是怪事一件。

越国大夫灵姑浮带领着左右将士们径直向吴国国君的车队杀将而来，用戈攻击吴王阖闾，斩伤了吴王阖闾的脚拇指。

这一幕惊吓到了年迈的吴国国君阖闾，他立刻下令撤退，一路灰溜溜地仓皇而逃，以至退到七里外，见越国军队没有追上来，才算松了一口气，车马也随即慢了下来。

两千多年前的先秦时期，医疗条件相比如今那可是要差很多，一个小小的伤口都能够引发破伤风导致死亡，更何况在战场上受了伤没有及时医治。

吴王阖闾就是如此。

当时被灵姑浮斩脚趾的瞬间，他由于受到惊吓，为了逃命没有顾得上医治，也不觉得疼痛，一路流血带伤奔走七里，等到车马停下休整时，才感觉到抓心挠肝，脚下疼痛难忍。

但此时医救已错过了最佳时间，吴王阖闾整只受伤的脚此刻都因感染而发紫发黑。

回到吴国都城宫廷内不久，吴王阖闾便因伤不愈而病逝。

在最后的弥留之际，吴王阖闾紧紧握着自己儿子夫差的手，用尽全身力气，说道："你一定要记住，越国是我们吴国的仇敌，世世代代的死敌，永远都不会变，你一定要替孤王报仇雪恨，一雪前耻，将越国彻底消灭，只有这样吴国才能延绵万代，孤王在九泉之下才能安心……"

说到最后一个字时，他的人已断气，但双眼依旧睁着，看起来十分狰狞，十分可怖，好似一定要看到吴国将士们踏破越国的都城，砍下勾践的头颅才肯罢休。

正是吴王阖闾临终前的这番交代，成了夫差身上甩不掉的枷锁。

从这一刻起，他已经开始计划向越国报仇，同时也为他将来与勾践二人互相斗智斗勇的孽缘埋下了伏笔。

他一定要让吴国的军队踏遍越国境内的每一处，一定要让勾践像狗一般匍匐在他面前亲吻自己的脚。

二、执意伐吴

仇恨有时就像一颗既看不见，也摸不着的种子，它将会深深刻印在你心中的某一个隐秘的角落，会伴随着时间的流转在你心中生根、发芽，茁壮成长，慢慢吞噬你的所有，等到你意识到它的存在可能带来危险时，它已经完全将你控制，并最终吞噬毁灭你。

自吴王阖闾去世后，新君夫差一直励精图治，忍辱负重，默默积蓄力量，等待时机向越国复仇。

说话间，这就来到了两年后的公元前494年。

这一年也是越王勾践执政的第三个年头。

这三年来他一直也没闲着，早就派出了探子到吴国长期驻扎，搞地下情报工作，随时监视着吴国的动向。

两年前的那一战，老吴王阖闾因伤而亡，如此大的杀父仇恨，不用说也知道夫差一定不会善罢甘休，一定时时刻刻找机会要来复仇。

在漫长的等待与紧张中，勾践终于等到了这一天。

这天清晨，天色比往常都要更阴沉一些，虽没下雨，但也无风。

厚重的云层将太阳遮得严严实实，令人感到十分压抑。

勾践显得异常烦躁。

他预感到今天将会是不寻常的一天。

他的预感是对的。

早朝刚散，他就收到了潜伏在吴国都城探子的密报。

密报写在一片裁剪很整齐的羊皮上，由久经训练的信鸽连夜从吴国都城飞进越国都城行宫，之后又由勾践最信任的小太监亲自将这封密报呈到他面前。

密报的内容也很简略，只简简单单用了几个字概括，却将重要的信息说得很清楚。

"夫差日夜秣马厉兵，准备攻越。"

勾践看见这几个字后，立刻决定要先发制人。

他要赶在吴国攻打越国前先将吴国打得措手不及。

这是他惯用的伎俩，两年前他正是用这一招将盛气凌人的吴国军队打了一个稀巴烂，最终导致老吴王阖闾因伤而亡。

他没有和身边任何一位倚重的大臣商议，就擅自做了部署计划，择日准备攻吴。

但这世上哪有不透风的墙呢？

动兵打仗更是如此。

已经是越国上大夫的范蠡第一时间就得到了勾践要向吴国动兵的消息。

于是，他连忙放下手头的工作进宫面见勾践，劝说其三思而后行，不要急于动兵，免得出现纰漏损兵折将。

但勾践听完范蠡的劝言后，却将头摇得跟拨浪鼓似的。

"哎呀，老范呀，不是孤王说你，你说你从楚国来到我们越国都多少年了？怎么现在年纪越大，胆子却越小了呢？这样下去不行啊，怎么领导队伍继续前进，开创辉煌的未来呢？当年你刚来时的那种魄力和胆识都到哪里去了……要有大局观，不要辜负孤王对你的信任啊！"

范蠡叹了一口气，道："我正是因为顾全大局，才来劝您不要急于向吴发兵。"

他接着说道："两年前那一战，吴国虽败，却没消沉，况且他们的军事实力一直以来都要强于我们，这两年来必定也在暗中操练兵马，积蓄力量，时刻准备，为的就是要将我们一口气打得国破家亡，再没有与其争锋的可能。大王您如果这个时候贸然向吴国发兵，等于是羊入虎口。"

他这句话并没有说完就被勾践打断了。

勾践决心已定，哪里还能听得进去旁人的苦口婆心？

两年前那一战的侥幸胜利，早已使他迷失了自我。

现在他只觉得自己是真正的天选之子，一个吴国根本不配入他的眼，他应该放眼于天下九州。

"行了，行了，老范，孤王决心已定，你就不用再劝了。"他不耐烦地摆摆手，道："作为孤王身边最倚重的大臣，你应该要跟孤王时刻保持着观念一致，行动一致，要懂得上下一盘棋的重要性。作为一把手的左膀右臂，如果连你都要处处跟孤王对着干，那咱这队伍以后还怎么带呀？"

范蠡一看勾践一副吃了秤砣铁了心的样子，知道自己就算用九头牛也不能将他拉回来，最后干脆也不劝了。

"既如此，就这样吧！但愿大王您旗开得胜，胜利而归！"说话间，范蠡向勾践行一礼，随后便转身拂袖而去。

如今他早已不是当年那个行为举止疯疯癫癫的少年了。

现在的他早已学会掩藏锋芒，将喜怒哀乐藏在心里，不会轻易示人。

做事是如此，对于人更是如此。

良言好话他只说一遍，至于对方能否听进去完全靠个人的悟性，他绝不强求。

而对于越王勾践本人，范蠡更是早已看得清清楚楚，明明白白，绝不能与此人长期共处，否则迟早引来祸端。

但有时一想到当年他与好友文仲一起不远千里从楚国来到越国谋求发展，经过这些年的辛苦累积才有了现在的地位和名誉，可以说在越国这片土地上是挥洒过汗水和青春的，倘若现在见到越国有难不帮反逃，不仅自己心里会有不甘，旁人也会将他看作是背信弃义之人，那样岂非令天下人所耻笑？

夜凉如水。

凄迷的夜色中，一轮上弦月孤零零悬挂于天穹之上。

街道上也很安静，几乎没有什么行人。

范蠡独自一人在空旷的大街上闲逛，脑子里还在想着先前勾践与他的对话，三转两转便来到了一间不起眼的小酒肆，点了一碟油炸花生，一碟卤肉，一壶没有掺水的老酒，一个人孤零零地坐在店内最里面靠墙的桌子边，喝一口酒，吃一口菜。

显然，他并不是第一次来这里喝酒了，但每回来却都是一个人。

他本来是可以和文仲一起来的，他们曾是无话不说、肝胆相照的好朋友，但这么多年随着时光的流逝，地位的变化，两个人的思想已经有了明显差异。

时间和环境可以改变一个人，他和文仲也是如此。

现在的他，更喜欢一个人安静地独处，一个人思考。

"这么香的酒,这么香的下酒菜,一个人享用未免有些无趣了。"忽然一个苍老而沙哑的声音传进了范蠡的耳朵里。

这声音范蠡自然很熟悉,于是他下意识抬起了头,瞬间就看见了一个鹤发童颜、满面红光、一身老学究打扮的老者正笑眯眯地看着自己。

"哎呀,怎么是您?"一见这老人,范蠡立刻站起身恭恭敬敬地向对方行礼,"原来是老师您,快请入座!"

原来这老人不是旁人,正是范蠡的老师,春秋末期著名的谋士及经济学家计然。

计然,字文子(一说名文子),又称计倪、计研,号计然、渔父,是宋国葵丘濮上(今河南商丘民权县)人。

据史书上记载,这位计然计先生,天资聪明且博学,无所不通,尤其善于计算,一生著有《文子》《通玄真经》等名篇佳作,喜欢遨游于山海湖泽,在游历至越国时,因欣赏越国大夫范蠡而破例收其为弟子。

相传,计然曾经授予范蠡七计,后来范蠡将这七计中的五计用于协助越王勾践灭吴。

"刚才在大街上我就看见你了,可你垂低着头,完全没有注意到我,于是我就一路跟在你后面,想看看你究竟要往哪里去,没想到你小子走得还挺快,三转两转,进了这间酒肆。"说着,计然环顾了一下小店，又看了看桌上的两碟下酒小菜，感叹地道："这店虽小，却是五脏俱全，真是个喝酒谈心的好地方，你小子真会找啊，哈哈哈……"

范蠡恭敬地为计然倒了一杯酒，随即也笑了笑，道："一个人闲来无事，想找个清净处喝两杯解解乏。"

计然看着他，捋着腮下的胡须，摇了摇头，道："不对，你心里有事。"

此话一出，范蠡顿时一愣。

他没想到老师计然一下看穿了自己。

"究竟出了什么事？说出来，看看老夫有没有办法帮你。"

"唉……"范蠡叹了一口气，随即便将面前的酒杯端起，一饮而尽。

既然已被老师看穿，再隐瞒也没有什么意义，不如说出来，或许还真能找到行之有效的法子来解决。

于是，他便将勾践准备发兵攻吴，以及自己得知消息后进宫劝谏勾践的前因后果，简明扼要地叙述了一遍。

计然很认真地在听范蠡的述说，直到范蠡将整件事情的前因后果，以及自己心中所有的苦恼全部说完了，才缓缓地说道："财帛、名利都是身外之物，你之所以感到不舍，那是因为越国能发展到今天，你是付出了很大的心血，你不忍看着它就此被吴国摧毁。"

范蠡点头道："没错，的确如此。"

计然又道："但你也要明白一个道理。"

范蠡在听。

计然说道："你若不想让手里的沙子流失得太快，唯一的办法就是不要将手握得太紧，你握得越紧沙子就会流得越快，到最后你会发现，自己手中什么也没留下。"

范蠡好像有些明白了。

就听计然接着道："你现在所面对的事物也是如此，不管你付出多少努力，都无法改变越王勾践发兵攻吴的决心，所以你纠结、烦恼，但你别忘了，你只是越国的上大夫，勾践才是越国的国君，越国的命运永远掌握在他的手里，而不是掌握在你的手里。"

范蠡同意计然的观点。

这世间万事万物本就是如此，没有哪件事是会随着个人的意愿去发展的。

计然道："越王为人，长颈鸟喙，可与其共患难，不可与其共荣乐。留在他身边做事早晚会受其牵连，不如早做打算。"

范蠡没想到老师计然竟然与自己有同样的看法。

夜色更深了。

第三章　山河破碎风飘絮，身世浮沉雨打萍

桌上的两碟下酒小菜早已见底，而酒壶中的酒也已所剩无几。

计然忽然长身而起，十分满足地道："好了，酒已喝得差不多了，该说的话也说得差不多了，最终要怎么做全凭你自己定夺，老夫年纪大了，熬不了夜，得赶紧回去睡觉，就不陪你继续坐着了。"

说罢，他打了个哈欠，随即转身离去。

范蠡见老师要走赶紧起身相送。

临到门口时，计然忽又转身对范蠡说道："对了，今晚这酒钱……"

范蠡顿时领悟了他的意思，连忙说道："自然是由弟子来付。"

计然颇为满意地点点头，道："孺子可教也……"

酒肆门外停靠着一辆马车，还有两个十来岁的书童站在旁边。

一看到计然从店里走出来，这两名书童连忙上前去搀扶，显然是在这里专门等候计然的。

计然冲范蠡摇摇手，示意其留步，随即便在两名书童的搀扶下，摇摇晃晃上了马车。

车夫挥鞭打马，马车"咯吱咯吱"作响，踏着月色缓缓离去。

看着渐渐远去并最终没入黑暗里的马车，范蠡定了定神，但脑海中却在回想着方才老师计然对他说的那些话。

"越王为人，长颈鸟喙，可与其共患难，不可与其共荣乐。留在他身边做事早晚会受其牵连，不如早做打算……"

经过反复思量，范蠡还是决定要继续留在勾践身旁，不管接下来越国的命运将会是如何，他都会以自己最大的努力协助勾践守住越国，至于以后的事，千变万化，现在谁也说不准。

他抬起头，凝望着头顶那似玉盘般又大又圆的月亮，自言自语地道："尽人事，听天命。"

此时此刻他绝对想不到，自己的这一决定将会使自己与勾践二人一起经历一段刻骨铭心、令人难忘的真情燃烧岁月。

三、兵败求和

勾践直到最后一刻也没有把范蠡的话当回事儿。

他执意发兵，而且是在没有仔细衡量过敌我双方的实力情况下贸然出兵攻打吴国，这样所造成的后果只有一个，那就是惨败。

与此同时，远在吴国都城宫殿里的夫差不是只顾着操练兵马，打造精良兵器，在这段时间，他也在越国境内安插了不少探子，时刻注意着勾践的一举一动，当得知勾践出兵的消息后，他知道时机来了，于是立刻下达命令，派出精锐部队去前线与越国部队作战。

两军在夫椒（今无锡太湖马山一带）交锋。

结果，没过几个回合吴军就将越军打得喘不过气来了，死伤无数，连连后退。

勾践一见形势不对，立刻调转车列就想退兵。

可是夫差哪能轻易放过他？带领着吴国将士，一路狂追，死死紧盯着勾践不放。

眼见着越军死伤无数，勾践是又惊慌，又着急，带领着左右剩余不多的五千越军一路退至会稽山（今浙江绍兴南）坚守。

如此一来，便给了吴军一个绝佳的机会，乘机占领了越国的会稽，从四面八方将越军团团包围在中间，来了一招“瓮中捉鳖”，使其叫天天不应，叫地地不灵，无法脱逃。

直到这时，勾践再也坐不住了，急得直跳，立刻命人将范蠡和文仲二人叫来商议对策。

“两位爱卿啊，快来替孤王想想法子。”见到范蠡和文仲后，勾践再也顾不上君王的体面了，赶紧起身上前，紧紧抓住二人的手，急切地说，“现在孤王只能依靠你们了。”

文仲道：“为今之计，已无力回天，若想保留越国而不亡，只有向吴国投降了。"

勾践一听要投降，脸色瞬间变得很难看说道："难道就没有别的法子了吗？"

在他心里，总觉得自己一方还有胜利的可能。

说话间，他转向范蠡，希望范蠡能给出不同的答案。

只听范蠡道："如今吴王夫差的做法正如我之前预料的一样，他这一战是要报两年前的杀父之仇，倘若我们继续与其抵抗，恐怕只有等着亡国了。"

勾践一听到"亡国"两个字，整个人立刻瘫软如泥，一屁股坐在了地上。

片刻后，他忽又说道："如果我们出城与他们死战呢？"

说出这句话的同时，他已经做好了杀妻灭子出城与吴国决一死战的准备。

谁知范蠡却当面给他泼了一头冷水："我们现在可用的兵马只有五千左右，如果出城与吴军死战，恐怕连给对方塞牙缝都不够。"

他接着道："而且那样做，只会使越国亡国的速度加快。"

一旁的文仲闻听此言，也不住地点着头。

显然他也认同范蠡的看法。

勾践不说话了。

现在他唯一的希望也破灭了。

范蠡接着说道："但是，我们可以想尽一切办法跟夫差身边最信任的太宰伯嚭搭上关系，贿赂他，给他送去大量的美女和金银珠宝。"

这伯嚭是子姓，伯氏，名嚭（一名否），是春秋后期吴国大夫，夫差执政时任吴国太宰，又称太宰嚭、太宰否。

昔年伯嚭之父郤宛本为楚国大夫，因遭到奸臣费无极的陷害获罪被处死，后来伯嚭侥幸生还，一路向东南逃亡，最终来到了吴国。

当时伍子胥已经做了吴国的大夫，是吴王阖闾身边的红人了，伯嚭得知此消息后便立刻去登门拜访，想投靠在其门下。

伍子胥本不认识伯嚭，但念在与伯嚭都是楚国人，而且二人又有相同的遭遇，于是便向吴王阖闾推荐了伯嚭。

没想到这成了伯嚭命运改变的转折点，从此在吴国混得风生水起，扶摇直上，直至夫差执政时做了太宰一职，并且深受夫差的信任，威望一度超过了当初推荐他的伍子胥和"兵圣"孙武。

虽是如此，但伯嚭却有两处致命的缺点，那就是好大喜功和贪财好色。

由于吴越两国常年处在对立状态，因此勾践对伯嚭其人也是略有耳闻。

勾践道："这样能行得通吗？万一对方不吃这一套呢？"

范蠡道："他不会的。"

勾践道："你怎么能确定？"

范蠡道："我对伯嚭一直都很关注，此人不但贪财，而且极度好色。我们只要抓住这两点就不会错。"

勾践还是有些犹豫。

毕竟向敌国投降是一件很羞耻的事，在那个注重礼乐的年代，这种做法无疑等同于被钉在了耻辱柱上，他作为越国的一国之君，今后颜面将何在？

文仲催促道："不用再犹豫了，眼下这是唯一可行的法子。"

勾践依旧蹙着眉头，背负着双手，来回踱着方步，又沉吟了片刻，才终于将心一横，一跺脚，道："那就这么办吧！"

范蠡忽又道："还有一点，您最好做好心理准备。"

勾践有些急躁地道："是什么你快说，现在只要能保住越国，不让孤王掉脑袋，孤王都答应。"

范蠡道："出城向夫差投降，必须由您亲自来。"

勾践道："这个孤王自然知道。"

范蠡道："除此之外，您必须放下君王的架子，像顺从的奴仆一样用匍匐前进的方式爬到夫差面前，用非常低三下四的语气求他饶过您的性命。"

第三章　山河破碎风飘絮，身世浮沉雨打萍

听到此处，勾践的脸上又露出了难色，他看着范蠡，道："必须这样吗？"

范蠡干脆地道："必须如此。"

勾践侧身，将头靠近范蠡的耳边，低声对其说道："你小子该不会是想借机刁难孤王吧？自孤王登基这三年来，自认为待你不薄，你这样做是不是有点过分了？"

范蠡微微一欠身，道："您多心了，微臣此言完全是为了您的性命安危，以及越国着想。"

勾践眯起本就不大的三角眼，像一把利剑一样盯着范蠡的眼睛，似要从范蠡的眼中看出此话的真与假。

"有朝一日，若是被孤王发现你背叛了孤王，到时孤王就算是死也要拉你做垫背。"

范蠡也看着勾践，却没有说话。

他只是很从容自然地微微一笑，并向勾践行了一礼。

勾践哀叹一声，自言自语地道："难道孤王后半生就要这样度过了吗？"

文仲道："遥想昔年商汤被桀囚禁在夏台；周文王被纣王关押在羑里；晋文公重耳逃亡北翟；齐桓公小白逃亡莒国，这些人物都与您有着相同的遭遇，但最后都成功翻身，成为了称霸天下的雄主，由此可见，只要您有不抛弃不放弃的信念，忍辱负重，

将来总有机会重返越国，并东山再起，如此一来，眼下受的这点儿苦又算得了什么呢？"

勾践忽然转过身去背对着范蠡与文仲，走到了原本属于他的君王宝座前，伸手轻轻抚摸着宝座，做出了他这一生中最难的一个决定："好，那就这么办了。"

于是，按照范蠡、文仲、勾践三人制定的计划，先由文仲出面，代表越国国君勾践与吴国太宰伯嚭单线联系，并向其送去大量的金银珠宝以及精挑细选出的越国美女作为贿赂，之后再由勾践本人代表战败的越国，亲自出城向吴王夫差投降，以保全自己与妻儿乃至整个越国。

这个计划很完美，几乎没有破绽可言。

伯嚭果然是个贪财好色之徒，一见到面前成箱成箱的金银珠宝和一车车的美丽佳人，脸上立刻露出了谄媚而贪婪的笑容。

文仲看着伯嚭那副德行，顿时有了种想呕吐的欲望。

他对伯嚭说道："大人对这些见面礼可还算满意？"

其实，不用伯嚭回答，他也已经知道答案了。

伯嚭张开肥嘟嘟的胖手，将一个高挑长腿的丽人搂在怀里，贪婪地嗅着对方身上的体香，笑着道："满意，满意……"

文仲连忙道："那我们方才商议的事……"

伯嚭道："你放心，回去转告你家越王，咱们既然已成了朋友，互帮互助那都是理所应当，三天之后，让他按照约定，准时出城投降便是，其他的事就不用担心了。"

文仲一听到伯嚭这句话，立刻松了口气："那在下就替我家越王谢过大人了。"

伯嚭将抱住高挑丽人的双手腾出了一只在空中挥了一挥，道："哎，客气什么，交朋友嘛……"

说到最后一个字时，他那两片如香肠般厚的嘴唇已经吻在了怀中丽人的脸上。

那丽人明显对伯嚭的这一举动感到十分厌恶，但一想到自己此刻已然成了亡国女，而且还是被当作礼物送给对方的，生与死完全掌握在对方手中，自身根本没有什么自由可言，也就只好无奈地紧闭双眼，含泪忍住了。

四、求生为奴

勾践在出城投降的那一刻，真的表现得就像一个顺从乖巧的奴仆一般，趴在地上，以匍匐方式，一点点来到了夫差的面前，高声道："越国国君勾践特地出城向吴国上君投降，望吴王能手下留情，留下我这条贱命和越国臣民的性命，越国从今往后愿尊吴国为上国，年年纳贡，岁岁来朝！勾践以自身为人质携妻带子入吴在您身边伺候……"

作为一国的君主能做到这个程度，说出这番话，已经是很不容易的事了，但这对勾践来说似乎并没有结束。

只见他毫不犹豫地又向前爬了几步到夫差的脚边，用自己的嘴去亲吻夫差的鞋面。

这一幕震惊了在场的所有人，却也正是夫差最想看到的一幕。

所以他并没有感到丝毫的意外和难为情。

自从两年前那一战吴国惨败之后，他日日夜夜秣马厉兵，为的就是这一天。

想起当日父王对他说的那些临终之言，不由得又燃起了他对勾践的仇恨。

"你一定要记住，越国是我们吴国的仇敌，世世代代的死敌，永远都不会变，你一定要替孤王报仇雪恨，一雪前耻，将越国彻底消灭，只有这样吴国才能延绵万代，孤王在九泉之下才能安心……"

如今这一幕果然在他面前发生，他心里自然狂喜不止。

就在勾践像一条哈巴狗一样趴在地上亲吻他鞋面的同时，他忽然忍不住仰天狂笑起来："父王，您看到了吗？儿臣今日终于带领着吴国将士们踏破了越国的国门，为您报仇雪恨了；儿臣终

第三章　山河破碎风飘絮，身世浮沉雨打萍

于让勾践像狗一样趴在地上对我们吴国臣服了，哈哈哈……"

他用脚踩在勾践的脸上，俯视着勾践，用一种戏谑的语气对其说道："如今我吴国将士已踏破你越国国门，此刻你越国安危以及你勾践本人和妻儿老小性命全掌握在孤王手里，你可服气？"

如今看着被踩在脚下如丧家之犬般的勾践，他心中有种说不出的痛快。

勾践的脸贴在冰冷的青石板上，这对一个君王来说是件非常羞辱的事情，但勾践却丝毫没有表现出被羞辱的样子。

他大声地喊道："吴王威武，吴王乃天选之子，贱臣佩服得五体投地。贱臣与吴王相比就如鼠虫蝼蚁一般，吴王只要稍微一用力就能将贱臣踩死。"

这句话说得非常低三下四，根本就不像一位一国之君能说出口的。

此时此刻，勾践的心都快从嗓子眼儿里蹦出来了，整个人趴在那儿连大气都不敢喘。

他生怕夫差为发泄私愤抬手便是抽刀断水，使他人头落地。

夫差本来有心要杀了勾践，但此时此刻，听着勾践如此摇尾乞怜的话语，他的心里忽然又有了另外的打算。

他不想让勾践死得太容易，他想折磨勾践，让其待在自己眼

皮底下做个随叫随到听话的奴才，这样可比直接杀了对方更有意思些。

夫差身旁的大臣伍子胥见夫差迟疑，便知定是被勾践方才的话说动了心思，于是立刻从百官队伍中出列，拱手行礼，向夫差说道："如今我吴国将士既然已经破了越国的国门就应该铲草除根，将勾践及其妻儿一同处死，将越国灭国，以免后患。"

他心里非常清楚，如果勾践不死，越国就不会亡，越国不亡，日后必将有反扑吴国的可能。

食君之禄，担君之忧，他作为吴王夫差身边的重臣，决不允许有这样的事发生。

可惜他这句话只说了一半就被一人打断了。

打断他话的并不是旁人，正是当初从楚国逃难到吴国，并且和他有着相同遭遇的太宰伯嚭。

伯嚭也从队列中站出，道："此言差矣。"

伯嚭这些年在吴国混得风生水起，早已逐渐淡忘了当年自己沦落时伍子胥对自己的恩情，因此对其说起话来也是趾高气扬，少了许多尊敬之词。

但吴王夫差却不在乎这些。

他见伯嚭既然也站了出来，必定是与伍子胥有着不同看法的，于是问道："伯嚭，你有什么看法？"

伯嚭道："如今勾践已向您俯首称臣，如果您还要执意杀了勾践，灭了越国，只会激起越国将士及百姓们的愤怒，使得越国境内军民一心，同仇敌忾，与我吴国死战，如此一来，不论后果如何，都会引起其他诸侯国对我吴国的谴责，严重的话还有可能会联合起来攻打我们。目前我吴国正是在众诸侯国中立威的重要节点，应当从中懂得利弊取舍，千万不可因小而失大。"

他先前早就收了文仲的好处，此刻说起话来自然是言辞凿凿，慷慨激昂。

夫差的心本就已有些动摇了，此刻一听到伯嚭的这番言辞，更是觉得有理有据，由此便坚定了不杀勾践的心。

伍子胥在一旁听伯嚭胡说八道，听得都快吐出血来了。

他没想到伯嚭居然会当众说出这么荒谬的言辞。

"你住口！"他实在忍不住了，当着夫差的面毫不留情地对伯嚭呵斥道，"你身为吴国太宰，位高权重，怎能如此信口胡言……"

他这突然一吼，连夫差都吓得一哆嗦。

伍子胥伸出手指，颤抖地指着伯嚭，怒视着对方，却半天再也无法将后面的话说下去了。

过了片刻，他稳了稳情绪，又转向夫差说道："昔年夏朝太康统治天下时期，黄河下游有个部落首领名叫后羿，有穷氏雄心勃勃，对太康十分不满。恰逢当时太康热衷于游猎，无心处理国事，有穷氏后羿便趁此机会叛乱，最后太康被杀。当时太康的妻子已经身怀六甲有了少康，就连夜在随从们的护卫下逃到了有仍国并生下少康，直至少康成年后当了有仍国的牧正之官。后来有穷氏得知少康的消息后便想斩草除根杀了少康，于是少康又逃到了有虞国避难，有虞国国君因怀念夏朝之恩德，特意将自己的两个女儿嫁给少康，还给了少康封地和五百名兵卒，好让他安稳生活。但没想到有虞国国君此举却给了少康咸鱼翻身的机会，从此之后，少康便在暗中召集昔日夏朝遗民，扩充实力，没过几年便积蓄了庞大的力量，还派了探子打入到有穷氏统治内部，窃取机密，最终以里应外合的手段击败了有穷氏，恢复了夏朝的基业。"

伍子胥忽然说起"少康中兴"的典故，令人莫名其妙，谁也不清楚他究竟想表达什么意思。

就听他继续说道："现在我们吴国比起当年的有穷氏要弱小得多，而越王勾践比起当年的少康实力却强得太多，如果您不趁此机会将勾践处死，将来必成大患，追悔莫及。"

说到这里，众人终于明白了他的意思。

伍子胥的苦口婆心，良言相劝，可以说是字字戳中要害，可夫差却丝毫不为所动，甚至连一个字也听不进去。

一旁的伯嚭又道："少康中兴的典故说的都是上千年前的故

事了，那个时候发生的事怎么能和我等眼前的事情相比较？要具体问题具体分析，不能盲目地盖棺定论。难道你认为我们吴王还比不过有穷氏机敏吗？"

此话一出，顿时就将伍子胥给噎住了，急得他半天想不出反驳的言辞。

他要是敢说夫差比不了昔年的有穷氏，那么自己的性命估计就要走到尽头了，但他若说夫差比有穷氏机敏，那勾践就死不了了。

正在他左右为难之际，吴王夫差忽然道："行了，你俩就不要再争论了，孤王心中已有了打算。"

他对着勾践道："勾践，现在孤王可以饶了你的性命，但死罪可免，活罪难逃……"

夫差这句话刚说到一半，勾践便知自己得到了大赦，立刻接着道："贱臣勾践愿意携妻带子入吴为奴为婢侍奉吴王。"

夫差点点头，道："很好，看来你很清楚现在自己的地位，既然如此，孤王暂且饶过你的性命退兵返吴，你回去也准备准备来吴为奴吧！"

一听夫差亲口说出饶过自己性命的话，并且没有要杀了自己的意思，勾践连忙磕头如捣蒜，在坚硬的青石板地上"咚咚咚"向夫差结结实实磕了十七八个头，道："谢吴王不杀之恩，感激不尽，感激不尽……"

现在，只要是能不死留条活命，就算是让他去吃屎，他都会屁颠儿屁颠儿兴高采烈地去吃。

此时此刻，吴王夫差还并不知道，自己做出不杀勾践的决定，将会是他这辈子所做出的最错误的决定。

咱们话分两头，先将吴王夫差与伍子胥、伯嚭等人如何处置那些抓获的越国俘虏等一系列事情搁在一旁不谈，单说越王勾践这边的情况。

回到会稽城，勾践立刻将身边的文武大臣全部召集齐开会，商讨自己入吴后所有事务的安排。

勾践看着面前的群臣道："如今孤王就要入吴去给夫差当牛做马了，越国今后的安危就全靠你们了……"

此话刚说到一半，他忽然一哽咽，再也把持不住，当场哭了起来。

群臣受到他的感染，也纷纷用衣袖抹起了泪水。

整座大厅内顿时一片抽泣之声。

就在这时，范蠡突然从群臣队伍中出列，向勾践鞠躬行礼，当众高声道："微臣范蠡愿意与大王一同入吴为奴。"

此话一出，勾践顿时一愣。

他完全没有想到范蠡竟然会来这么一出，于是下意识向文仲看了看，那意思仿佛是在对文仲说："同样作为我身边的两位倚重的大臣，你的好兄弟范蠡都这么够义气，主动要陪我一起去给夫差当奴隶了，你难道一点表示都没有吗？"

其实在勾践的心里，更希望文仲能跟着自己一起走。

因为文仲毕竟做过地方基层官员，有治理地方的经验，对官场的复杂人际关系也比较了解，办事能力比较强，因此将文仲带在身边是他心目中的首选。

但奇怪的是，这个时候的文仲却什么也没有表态，只是默默地站在众文武百官队伍里，低着头，就像一尊石像一般只顾看着自己的鞋面，始终一动不动。

这一举动令勾践的心瞬间有点儿拔凉拔凉的感觉。

只听范蠡又说道："文仲善于理政，治理百姓，在越国境内可有大作用，大王入吴后可将越国的政务暂时委托给文仲来管理；而等大王到了吴国后，面对一些复杂多变的情况时，需要有人在您身边出言献策，我范蠡则是最佳的人选，因此大王带着我一同入吴就不需要担心会有人来有意刁难您了。"

这番话范蠡既是为了替文仲开脱，同时又在勾践面前强调了自己的重要性。

他看到了文仲的长处，知道在治理地方和治理百姓等方面自己不如文仲，所以应该让文仲留在越国发挥自己的特长。

而且他心里也非常清楚，勾践此次入吴，绝对不是去做什么贵宾的，所要面临的也绝不仅仅是一天十二个时辰鞍前马后地听从夫差使唤这么简单，肯定还有许多不可知的因素在其中，生死之事自然也不能由自己决定，如此危险状况若没有机智的人在其左右，勾践的生命安危就很难保证，而自己若跟着一起去，必定会竭尽全力为勾践化险为夷，处理判断各种复杂的事情。

由此可见，范蠡的人品是高洁的，心胸也是非常开阔的。

他心甘情愿与勾践一起去面对这样一个困难局面，将自己的生死置之度外，同时又体现了虽然过去这么多年，但在他心灵深处，依旧将文仲视作自己的好朋友，所以不愿文仲去冒风险。

勾践思索了片刻，觉得范蠡说得也有道理，于是当下便做了自己入吴之后留在越国境内官员们的人事调动及工作安排，并依照范蠡所说，让文仲暂时全权处理越国内的所有事务，而自己则带着妻儿老小与范蠡一同入吴为奴。

于是，在公元前492年，按照吴越两国之间的协定，在越国战败后的第二年，勾践便要携妻带子入吴为奴，听从夫差的使唤，唯其马首是瞻。

那是一个阴雨绵绵的午后。

越国群臣个个挥泪洒涕，依依不舍地将勾践、范蠡一行人送至江边。

第三章　山河破碎风飘絮，身世浮沉雨打萍

吴国的大船早已在此等候多时，如果勾践今日不出现，船上吴国的将士们将会立刻下船登陆，挥舞着长枪重剑将越国彻底毁灭。

江岸边还有许多百姓也自发地来送行。

众人心中皆知，越王勾践这一去就代表着越国全国上下从此之后都成为了吴国的奴仆，满腹的国仇家恨憋在每个人的胸口，一种有苦不能言的悲壮之感，促使着男女老少纷纷挤上街头，争先恐后地想见一见自己国家的神秘君主的真容，来送他一程。

勾践见到此情此景，耳畔边听着教坊吹奏的离别伤感的曲子，心中忽又涌出一股悲凉之感，不禁仰天长叹，想说些什么，却又不知该从何说起，最后又忍不住垂泪对着众人哭泣。

随行的太监这时已端来了离行酒至他面前。

勾践含泪端起酒杯，向周围众人一拜，将杯中酒一饮而尽，之后将酒杯摔碎在地，挥了挥衣袖，便带领着妻儿老小以及范蠡一行人一同跟随着吴国的士兵们登上了去往吴国的大船。

第四章

胜败兵家事不期，包羞忍耻是男儿

一、侥幸逃过一劫

来到吴国都城梅里（今江苏省无锡市梅村一带）进入到皇宫，众人首要的任务就是拜见吴王夫差。

吴王夫差坐在君王的宝座上趾高气扬地俯视着下面跪拜着的勾践与范蠡，嘴角忽然露出了一丝不易察觉的坏笑。

跪拜在下面的勾践依旧像之前那般，似叩拜祖先一样不停地向夫差磕着头，嘴里还一个劲儿念叨着："东海贱臣勾践，上愧对皇天，下负后土，不自量力，吃了熊心豹子胆，与吴王您对战，惹得您心情不悦，大发雷霆发兵教训贱臣；贱臣自知犯下了滔天罪行，本应该被千刀万剐，五马分尸，但如今吴王您不但没有杀了贱臣，还允许贱臣在您身边做奴仆伺候您，贱臣真是感激涕零，甘心在您身边听候您的差遣，为您捶腿倒水，铺床叠被。"

这段话说得十分卑微，十分诚恳，显然勾践此刻将最低三下四的态度展现出来了，其目的显而易见，就是要让吴王夫差觉得自己是真心悔过。

当然，这番话自然不是勾践自己想出来的，而是范蠡替他想的。

二人在正式进入吴国境内之前就在商议见到吴王夫差之后应

该说些什么，以及如何说才能使夫差舒心。

因为敏锐的范蠡早就看透了夫差。

虽然吴王夫差的父亲吴王阖闾被越国杀死，而他自己也有报仇雪恨的志向，但是他的感情却过于丰富了些。

感情丰富的人，通常也是心地善良重感情，且容易心软的人。

心软的人往往都比较好对付。

所谓用兵之道，攻心为上，攻城为下；心战为上，兵战为下，说的就是这个道理。

果不其然，吴王夫差在听了勾践的一番低三下四的言辞之后，是既高兴又有些心软。

他高兴的是，当年不可一世、嚣张跋扈的越王勾践，现在居然在自己面前如此摇尾乞怜，叩头如捣蒜；心软的则是，勾践毕竟是越国的一国之君，现在居然放下身段如此低三下四地跟自己说话，由此便想到自己的所作所为是不是有些过分了。

一念至此，夫差便对下面跪拜着的勾践说道："知错能改善莫大焉，如今只要你勾践老老实实在孤王这里做好一个奴仆该做的事，孤王也不会为难你。"

他话音方落，下面的众多文武大臣队伍中立刻就有人与他有了不同意见。

这个与他有着不同意见的人不是别人，正是伍子胥。

就见伍子胥从队列中站出，向吴王夫差躬身行礼，之后便怒生生地说道："当天空中有鸟飞过时，在地面上的人们都会用鱼线绑在箭身上，想尽一切办法将其射下来，关进鸟笼中；勾践等人就如同那只天空中飞过的鸟，如今他既然已经来到了我们吴国，大王又怎能继续留着他性命？"

伍子胥的态度一如既往的坚决。

他始终主张杀了勾践，否则必将后患无穷。

可吴王夫差并不这么想。

他轻叹一声，对伍子胥说道："自古以来只有残暴的君主才会将投降者杀掉，如今勾践既然已向我投降，并且按照承诺来我吴国当牛做马，我若杀了他，岂不成了暴君，那样天下诸侯将会如何看待我吴国？如何看待孤王？"

他接着对伍子胥道："孤王知道你忠心，但这种忠心有时显得太过于残酷无情。当年孤王的父王还在世时，你就因为要向楚平王报杀父之仇，带领着吴国数十万大军攻破楚国国都，命人掘开楚平王的墓，将其棺椁打开，拖出尸体，用沾了水的藤鞭抽打其尸体三百余下泄私愤；如今勾践一行人已经知道错了，你又想故技重施，将勾践等人赶尽杀绝，这样做属实太过于残暴了，这是违背天理的，会遭到天谴。"

　　夫差的话说得很明白，他是个相信天道轮回的人，所以他不同意伍子胥的做法。

　　正在这时，伯嚭也站了出来并说了自己的看法。

　　"子胥方才所言乍听起来虽有些道理，实际却荒唐至极。若真杀了勾践貌似是正确的，实则只是一时之计，而根本没有从长远考虑。若我吴王真的将已经投降为奴的勾践杀了，岂不成了奸诈的小人？失信于人，必将失信于天下，这样浅显易懂的道理，难道子胥你没有想过吗？失信于天下的吴国将来还如何在众诸侯国中立足立威？"

　　这样类似的话，夫差之前已经说过了，而伯嚭此刻再次说出口自然是有他的目的的。

　　他说到此处，转向夫差躬身行礼，道："大王千万不可听信子胥所言，若真杀了勾践，我吴国的信誉将会荡然无存。"

　　只要勾践活着，日后越国将会源源不断地将金银珠宝送到他口袋里。

　　显然伯嚭与吴王夫差站在同一阵营，而伍子胥则站在他们的对立面。

　　作为臣子却要站在君王的对立面，显然是不会受到君王待见的。

　　所以，夫差最后的决定自然是留着勾践不杀。

这第一局胜者很明显既不是吴王夫差，也不是越王勾践，更不是伍子胥与太宰伯嚭，而是足智多谋，能够决胜千里的智者范蠡。

范蠡利用计谋，将勾践作为一位君王的尊严全部扒光，使其变成一个看似毫无底线、摇尾乞怜的战败者，赤裸裸地展现给吴王夫差看，从而成功勾起了吴王夫差怜悯之心，不同意伍子胥杀掉乖巧如小猫般的勾践。

可话又说回来，眼下勾践的性命虽暂时保住了，但作为越国一国之君的勾践又怎能真的如此心甘情愿给他人做奴仆？

而且不久之后，勾践将会遇到此生中最大的一次考验。

这次考验将会彻底改变他与范蠡的关系。

二、入吴后的第一项重大考验

勾践所要面临的考验主要有两点：其一，繁重的体力劳动；其二，就是精神上的屈辱。

繁重的体力劳动倒是其次，虽然勾践之前一直都是高高在上的君王，过着锦衣玉食的生活，从来没做过体力劳动，但这一点并没有什么难的，是可以经过日积月累的磨炼逐渐适应的。

主要还是第二点，精神上的屈辱。

第四章　胜败兵家事不期，包羞忍耻是男儿

在这精神上的屈辱中有一个最令勾践受不了，也忍不下的屈辱。

随着勾践、范蠡一行人在吴国待久了之后，吴王夫差逐渐发现了范蠡是个隐藏很深的智者。

因为吴王夫差发现，勾践之所以在自己面前表现得如此低三下四，低眉顺眼，完全是因为范蠡在其背后的指点和谋划。

夫差是个唯才是举的君主，遇见了范蠡这样有智慧的人物自然是比发现了一座金山还觉得惊喜，于是便动了想挖勾践墙脚，将范蠡纳入自己麾下的心思。

有这么一天，吴王夫差特意将勾践和范蠡二人都叫到了自己面前，并且毫不避讳，当着越王勾践的面就对范蠡直言说道："俗话说得好，聪明的女子都懂得识别男人，绝不会嫁给那些没能力的男子为妻；有能力、有才学的贤人都懂得识别君主，绝不会留在那些亡国之君身旁做谋士。如今越国已战败，国君勾践已来吴国为奴，整个越国已经礼乐崩坏，行将就木，灭亡是迟早的事，你范蠡作为一个有谋略、有才学的智者何必继续守在他勾践身旁与其一同为奴呢？不如跳槽到孤王这里来，孤王保证，只要你来了，给你的待遇绝对比之前你在勾践身旁时优厚很多。"

夫差的这句话，完全是以一个胜利者的姿态在说话，他的目的也很明显，就是要当众羞辱并挖勾践的墙脚。

勾践闻听此言，心顿时一沉。

他心想："这下完了，夫差这是当着我的面抢人啊，如今我勾践已经沦落到为奴的地步了，范蠡的确是没有理由再留在我身边与我一起受苦。可是如果没有了范蠡，那我今后该如何是好啊……"

在这一刹那间，勾践只感觉自己的心似玻璃碴子一般被踩得稀碎稀碎的，他真怕亲耳听见范蠡的回答。

一个人一旦跌落神坛，失去了之前所拥有的一切，不但整个人会变得非常自卑，非常消沉，精神也会变得异常敏感，异常脆弱。

现在勾践就是这样。

之前他是高高在上的君主时，完全没料到自己会有这么一天。现在范蠡已经成了他的精神支柱，生活中的所有事情都要靠范蠡帮助他，他不敢想象，如果没有了范蠡，自己将会怎样。

但令所有人都想不到的是，范蠡听了吴王夫差的话后却丝毫不为所动。

可当着吴王夫差的面又不好把话说绝，不给对方留面子。

于是，范蠡便立刻向夫差行叩拜之礼，用一种看似诚惶诚恐的语气说道："自古亡国之臣不敢议论政事，败军之将不敢自称威武，如今我越国因为不自量力对贵国动用了武力，才导致了如今的结局，而我范蠡更是无能之辈，在越国时没有尽到一个臣子的职责为君王出谋划策，没能拦住他不要发兵，而今又哪来的脸面到您麾下任职？如今我只求安安稳稳在您身旁与我家君主一同做好一个奴仆应尽的职责，为你铺床叠被，鞍前马后，听候你的差遣，别的不敢过多奢求。"

范蠡的这段话说得相当坦然，一点都没有做作的样子，既委婉地拒绝了吴王夫差，又同时给身旁的越王勾践吃了一颗定心丸，表明自己不会弃勾践而投靠夫差。

但敏感多疑的勾践却从范蠡的这句话中听出了另一番意思。

仿佛范蠡是在告诉自己说："你当初不听我的劝阻，执意向吴国发兵，才导致了今天的后果，而我则高风亮节，不计前嫌，依然愿意留在你身边帮助你，你应该感到惭愧。"

勾践心里也很清楚，正是由于自己当初的刚愎自用，没有听从范蠡的劝言，一意孤行，才会导致越国的惨败，落得如今的下场。

一想到这里，再结合范蠡对夫差所说的话，勾践就难以控制自己的情绪，双眼流出了泪水，当场痛哭流涕，难以自拔。

他被范蠡的忠诚所感动，更为自己曾经的刚愎自用、一意孤行而感到懊悔。

"如果当初孤王听从范蠡的劝言，暂缓对吴国发兵，今日何

至于此？"

而吴王夫差也听出范蠡话中的意思，明白自己无论怎么说也很难说动范蠡跳槽到自己这边来，于是一皱眉，嗔怒地对范蠡说道："唉，既然如此，孤王多说也无意义，你就还是跟着勾践一起回到你们的那间破草屋里去居住吧……"说罢，便不耐烦地向其挥了挥手，示意其赶紧离开。

范蠡表现得很平静。

对于吴王夫差的话，他一点儿也不感觉到意外。

"贱臣谨遵大王圣命。"他恭恭敬敬地向吴王夫差叩首说。

就这样，吴王夫差想挖勾践墙脚，拆散范蠡与勾践的目的没有如愿达到。

而范蠡与越王勾践依旧如往常一般，做着低等奴仆的工作，每天依旧是起得比鸡早，吃得比二师兄差，干得比牛魔王多，睡得却比聊斋鬼还晚，春去秋来，周而复始。日子虽然过得艰苦，范蠡却甘之如饴，他豁达的性格让他即使处在困境之中仍然能够笑着面对，并且在贫苦的日子里用自己的谋略创造出有利的环境。

不过，这样悲催苦命的日子还不算是两人最倒霉的。

一切才刚刚开始。

在接下来的日子里，两个人还会遇到一次更大的难关需要携手并进，一起度过，而足智多谋的范蠡也会想出更加绝妙的计策来化险为夷。

三、绝望中的希望

斗转星移，万物乾坤。

时光总在无声无息中一点点流失，说话间已是范蠡、越王勾践一行人来吴为奴的第三年了。

在这两三年里，他们一直被吴王夫差安排住在老吴王阖闾陵墓旁的一间破瓦寒窑中，四处漏风，房子里面既没有独立厕所，也没有可以取暖用的木炭，不过是用干草和石头垒起来的总共不足二十平方米的斗室。

每当天公不作美，下起倾盆暴雨时，屋里的雨总是比屋外面的雨还要大，全家老小只能无奈地跑到屋外去避雨。

除此之外，加上每天都有繁重的体力活儿要干，也没有月薪可领，全年无休，二十四小时随叫随到，连轴转，要是换作旁人就算不疯，精神也早就不正常了。

可奇怪的是勾践等人不但没有疯，而且对于目前这种状态仿佛很满足，一点儿也看不出有厌烦的意思。

而且每次当吴王夫差出行坐车的时候，勾践总会很有眼力见

儿地主动上前来给他牵马，有时候甚至会跪在地上，让夫差踩着他的背上车。

至于范蠡的表现就更耐人寻味了。

若说之前勾践是越国的君王，他是臣子，对待勾践讲究个"君臣之礼"倒也合情合理，但如今勾践已沦落为奴，可他范蠡依旧对其恭恭敬敬，丝毫没有半点不尊敬的意思，这的确很不可思议。

对此夫差感到很疑惑。

虽然他嘴上从来没说过，但范蠡与勾践二人的一举一动他却都记在了心里。

夫差不仅一次地怀疑范蠡和勾践是在故意演戏给自己看，对自己的顺从只是故意装出来的。

尤其是对于范蠡。

夫差总是感觉此人很不简单。

自从那次他想挖勾践墙脚没成功之后，他就感觉范蠡这个人可能比之前想象的更可怕。

别的不用说，就从眼下勾践落魄为奴之后，他范蠡还依然愿意在其身旁以君臣之礼对待勾践，这一点就不是一般的臣子能做到的，也不是简简单单用"忠心"二字能概括的，这已经超越了一个正常人能承受的范围了。

第四章　胜败兵家事不期，包羞忍耻是男儿

加之这两三年来，吴王夫差身边两位倚重的大臣伍子胥与太宰伯嚭一直在他耳边就该杀掉勾践还是留着勾践的问题争论不休，早就使得夫差心烦意乱，失去了本该有的自我判断力，变得在勾践的问题上，疑神疑鬼，敏感而多疑。

因此，夫差故意试探过勾践与范蠡几次，想逼二人就范。

他总认为，勾践作为越国的一国之君，虽战败导致其国破家衰，但内心中肯定是不甘心的，肯定在暗地里时时刻刻想着要复国报仇。

可无论他想出怎样的阴损招数来刺激二人，勾践与范蠡却始终是逆来顺受的态度，从没有表现出不耐烦的时候。

其实吴王夫差怀疑的一点儿也没有错，这三年来勾践无时无刻不想复国报仇，一雪前耻，可眼下越国的战败已成事实，而他与妻儿老小也已成了吴国的奴仆，时时刻刻都得听吴王夫差的使唤调遣，因此他只有表现得非常顺从乖巧，如同一只宠物猫一般装傻充愣来讨好夫差，好让夫差对自己放松警惕，认为自己现在是诚心诚意地顺服，而非演戏。

在这段痛苦煎熬的日子里，勾践不止一次向守护在自己身边的范蠡倒苦水，发牢骚，也不仅一次地与范蠡探讨如何才能使夫差更加信任自己，与放自己与家人返回越国的方法。

"孤王自从来到吴国之后，每天是起得比鸡早，睡得比鬼

晚，干得比牛多，吃得比猪差。唉！这样的日子什么时候才是头啊……"

有几次他甚至有了自寻短见、了却残生的极端想法，可最后都被范蠡及时制止了。

范蠡对勾践说道："一个人若想成就大事就必定要先承受来自精神与肉体上的折磨与痛苦，一步步匍匐前进，忍受各种屈辱与不易，只有这样才能最终脱胎换骨，凤凰涅槃。您现在遭受的这一切都是上苍早已安排好来考验您意志的，您只有咬牙坚持才能激发出自己坚韧的意志，使性情变得坚毅，挖掘出自身前所未有的超凡能力。"

真是一语惊醒梦中人。

听了范蠡的话，勾践仿佛又燃起了对生命的希望。

在这一刻，范蠡的形象在勾践的眼中似又高大伟岸了许多。

勾践道："那孤王究竟要怎么做才能让夫差对我放松警惕，放我回越国？"

范蠡道："其实大王您已经做得挺好了，只需要再忍耐一段时间，等待一个最佳的时刻。"

勾践道："等待一个最佳时刻？"

范蠡道："没错，只要这个最佳的时刻一到来，相信到时候夫差对您会完全放下戒备，放您回越国。"

勾践眼睛忽然又有了久违的神采，他激动地对范蠡说道："真的吗？"

范蠡肯定地说道："当然。"

"那这个最佳时刻什么时候能到来？"勾践显然已有些迫不及待了。

范蠡笑道："这个我也说不好，不过只要大王您耐住性子再忍耐一段时日，总会等到这一天的。"

听了范蠡的话，勾践忽然叹了一口气。

他知道自己表现得有些着急了。

这世上有些事情，本就不是着急就能解决的。

"有朝一日若真等到我越国军队马踏吴地之时，孤王一定将伯嚭那厮宰了祭旗。"勾践恨恨地说道，"自从孤王来到吴国为奴这两三年来，这货里外里从孤王这里刮了不少油水，整个越国的国库都快被他掏空了都没能满足他的欲望。"

范蠡道："伯嚭虽然贪财好色，但实际上现在已经站在我们这一边了，而最令我担心的是另一个人。"

勾践道："你说的是伍子胥？"

范蠡道："没错，就是他。"

他接着说道："我们目前最大的障碍就是他，只要他还在吴国一日，大王与我就不得安宁，时刻要提防着。"

勾践皱着眉道："伍子胥这糟老头子坏得很，得想个办法除去这颗钉子才行。"

范蠡忽然沉默了，并且什么也不再说了。

谁也不知道此时此刻，他在想些什么。

勾践却误将他这种表现认为是对自己的观点的一种认同。

现在范蠡无疑是勾践身边最信任的人，勾践什么都愿意毫无保留地与其分享，因此勾践自然而然地认为范蠡对自己也是这种感觉。

可事实真是这样吗？

四、智者策无常

也许真的是勾践命不该绝，老天还不希望他就这么快下线，正盘算给他安排一场更加精彩的戏码。

没过多久，从吴国皇宫内就传出了消息，吴王夫差病了，而且病得很严重，上吐下泻，浑身乏力，形似筛糠，从往日意气风发、风风火火的壮年忽然就成了一个衰弱无力、下床走两步都要喘三下的"药罐子"了。

宫中有经验的老御医排着队给夫差看了个遍，可谁也说不准他究竟是得了什么病。

第四章　胜败兵家事不期，包羞忍耻是男儿

这么大的事儿，范蠡和越王勾践自然也早就知道了。

于是有这么一天夜里，刚过了晚饭的点儿，疲惫的越王勾践好不容易忙完了，准备熄灯与一家老小休息时，忽然听见"咚咚咚"一阵急促的敲门声响起。

越王勾践下意识一哆嗦，以为是宫廷里来的侍卫奉了吴王夫差的命令，要将自己一家老小拉去砍了。

自从夫差生了重病之后，他一直提心吊胆，小心翼翼地做事，不敢有半点差错，生怕吴王夫差一时脑子发高烧，烧糊涂了，突然下道谕旨命人杀了自己一家子给他当作陪葬。

急促的敲门声还在继续。

在如此宁静的夜晚，这敲门声听起来就像是催命的钟声，吓得一家人谁也不敢出声。

勾践向自己的妻子雅鱼王后使了个眼色，示意她去门口问问来人是谁。

勾践的妻子雅鱼王后并不想去问，她甚至恨不得自己变成一个既听不着，也看不见，更不能开口说话的聋哑之人。

因为她知道这个时候来敲门的人，必定没存有什么好心。

为什么这么说呢？

这雅鱼王后是在勾践还是越国王子时与其成的婚，从此成为越国的太子妃，勾践登基成为越王后，雅鱼便成了王后。

但可惜这王后的美好生活并没有享受多久，越国就战败给了吴国，越王勾践便成了吴国的奴隶，而她也随之成了阶下囚，跟随着勾践来到了吴国，受尽了屈辱。

当时，身为吴国相国的伍子胥一直看不惯勾践，三番五次找机会对其加以迫害凌辱。

有一次，晋国的使臣刚好到吴国进行友好国事访问，代表吴王接待晋国使臣的吴国大臣正好是伍子胥。

双方进行完双边友好会谈之后，自然是两国大臣们一起进入宴会厅，一边吃着饭喝着酒，一边欣赏着吴国人歌舞表演。

也就在这个时候，伍子胥脑海中忽然有了一个恶毒的想法，那就是让越王勾践美丽年轻的王后雅鱼来陪晋国使臣吃饭喝酒，最后再一起跳舞之类的。

这晋国使臣并不知来陪自己吃饭喝酒的女子是越国王后，还以为是伍子胥特意为自己安排的"小节目"，便也没多想，便欣然地接受了。

伍子胥之所以想出这么个阴损的招数，是想达到一石二鸟的目的，既可以折磨一下勾践等人，又可以借此机会讹晋国使臣一下，以此来胁迫其签下不平等条约。

在今天的人们看来，伍子胥这办法虽阴损至极，但若想达到威胁人的目的还不太够。

但你可别忘了，那是在两千多年前的春秋时期。

那时候的古人特别注重礼义廉耻，因此伍子胥用的这一损招，正中下怀。

一夜春雨细无声，花落知多少。

当第二日伍子胥将事情的真相告诉晋国使臣时，对方的脸色瞬间就变得像一口气吞下了十七八个臭鸡蛋似的难看了。

伍子胥一看机会来了，当下便变了嘴脸，狮子大开口，威逼利诱，使对方签下了一大堆的不平等条约。

而另一头的雅鱼在受了屈辱之后，并没有选择用死来了结生命，而是选择坚强地活着。

她深知自己身份特殊，并不是普通的女人，也并不是一个普通的妻子，而是肩上承担着整个越国的命运，所以她的命并不完全属于自己，而是属于越国，既然现在越国还在，越王勾践也还在世，她又有什么理由轻生呢？

想到这里，雅鱼含着泪，默默在心中发誓，一定要活下去，要等到越王勾践回到越国，带领着越国的将士们马踏吴地的那一天。

就算是死，她也一定要亲眼看着吴国灭亡。

因此，从那次事件之后，她也变得异常敏感，总是疑神疑鬼，对身边的人和事保持着高度的警惕，此刻听到这无来由的诡异敲门声心中更是警觉万分。

但是勾践毕竟还是一家之主，说一不二，她也不敢跟其故意对着干，于是只好向门口走近两步，颤巍巍地试探性地问道："谁……谁呀？"

只听门外这人急切地说道："大王，王后，是我。"

原来门外这人不是别人，而是范蠡。

勾践一家人听见是范蠡的声音，顿时松了一口气。

雅鱼王后一颗提到嗓子眼儿的心这才落了下去，随即将门打开，看着门外的范蠡，有些嗔怒地说道："这么晚了，你这么'哐哐哐'地砸门，是嫌我们命太长了，想吓死我们吗？"

被她这么一说，范蠡这才意识到自己方才的莽撞，连忙向雅鱼赔礼，道："微臣一时心急，冒犯了大王与王后，实在……"

他的话还没说完，就被屋里的勾践打断了。

"行了，如今我们都是阶下囚，就不必讲究这些礼数了；老范，你这么晚来，敲门又这么急，莫非是出了什么要紧的大事？"

勾践说着，将屋外的范蠡拉进了屋。

范蠡一边走进屋子，一边兴冲冲地说道："我刚才进宫见了吴王夫差。"

"哦。"勾践一听范蠡说自己单独去见了夫差，心里顿时就不舒服了。

毕竟夫差想拆散他们君臣已经不是一天两天了。

虽然范蠡表达了留在自己身边坚定的决心，而勾践也将其纳为了自己最信任的人之一，但是勾践始终还是不能对范蠡完全放心，总担心范蠡会抛弃自己投向夫差的怀抱。

因为在他勾践看来，范蠡这个楚国人无论对越国，还是对自己，都没有其嘴上说的那么忠心，随时随刻都有弃越投吴的可能性。

这种既依赖，又不肯百分之百相信对方的矛盾心理从那次夫差当众想拆散他们君臣时便在他心里开始生根发芽了。

但他这些心理活动范蠡却一点儿也不知道。

只听范蠡说道："以我的观察，夫差所得的这个病再有个十来日必定能痊愈，所以我认为这是一个机会，属于我们的机会。"

"哦，机会？什么机会？"

勾践完全没听懂范蠡的意思。

范蠡自小博览群书，对医药方面的知识也非常精通，甚至可以说是医学方面的专家了，不敢说比得了扁鹊、华佗这两位"陆地神仙"级别的医圣，但也绝对差不了多少。男女老少只要从他眼前一走过，他只需要观其面相就知道对方身体有没有病；世间万物，各种见过或没见过的花草植物，他只要尝一口便知道什么植物能治疗什么病，从来没错过。

当初还在老家楚国宛县时，村子里无论张家的大哥，还是李家的大嫂，只要有个头疼脑热的都会来找他开方拿药。

只不过后来因为他长期举止疯癫怪异，才逐渐被身边人忽视了他这独特的技能。

因此自从他听说吴王夫差得了重病，上吐下泻，成天卧病不起，便动了心思，想亲眼看看对方的病情。

他心想："只要夫差所得的病不会致死，我就有办法将其治好，到时候将怎么医治的法子告诉越王，让他出面去夫差面前表演一番。只要夫差的病一好，以他那重感情又单纯善良的性格必定会很感动，这样一来便会更加对越王信任，说不定到时候一高兴直接将越王一家老小连带着我一同释放返回越国也是有可能的。"

于是范蠡便买通了宫中的一个小太监，之后自己装扮成太监的模样跟在其身后混进了宫，并来到了夫差的行宫内。

本来这种事他找太宰伯嚭也能轻松办到，但伯嚭这人贪财好色，是个不见兔子不撒鹰的主，如果求他办这事，定会坐地起价，狠狠地敲范蠡一笔，那代价可比范蠡买通一个小公公花费的精力和钱财要多出很多。

跟随着小公公来到夫差寝宫内，亲眼看到了躺在床榻上气若游丝的夫差，范蠡立刻判断出夫差所得病并不会致命，而且要不了十天半月必定能起身下床，行动自如。

史书中并没有详细记载夫差得的究竟是什么病，但奇怪的是，无论看了多少御医，吃了多少药也丝毫不顶用，反而有越来越重的趋势。不料却偏偏被智慧超群，上知天文，下知地理，前知一千年，后知五百载的范蠡看出了他的病因。

于是乎，才有了范蠡夜半时分，急匆匆赶来找勾践，并告诉其缘由的这一节。

勾践听了范蠡叙述，道："你的意思是将怎么治好夫差病的方法告诉我，然后我再进宫去见夫差，谎称我学过医，并且能治好他的病，以此来博取他的信任。"

范蠡道："没错，就是这样子的。"

勾践道："可是宫里那么多有经验的御医都治不好的病，你怎么这么有把握？"

范蠡道："不瞒大王您说，我少年时就喜爱看书，这天下的书籍可以说都看了遍，而对于有关医学方面的《黄帝内经》更是如数家珍。您别看他吴国宫廷御医成百上千，可论到'望、闻、问、切'这四项看病开药的基本功，他们这些专业人士未必比我这赤脚郎中精通。"

勾践有些不太相信地看着范蠡，道："那你倒是说说，我进

宫去见到了夫差应该怎么说？"

范蠡也真是不避讳，就当着勾践的面，面不改色心不跳地说道："很简单，只要大王您选准时机进宫，主动去尝一尝夫差的大便，然后对其说，他的粪便与当下这个季节的气味是吻合的，只要按您开的方子抓药，稍作调理，不出十天半个月必定能痊愈。"

勾践听完范蠡的这番言论，整张脸忽然拉得比毛驴脸还长，脸色更是像便秘了一周拉不出屎一般难看。

他的双眼如刀锋般锐利，死死地盯着范蠡道："好你个范蠡啊，装了这么久，现在总算憋不住，露出了你那又长又粗的狐狸尾巴了。"

不仅勾践如此，就连勾践的夫人雅鱼皇后和几个王子、公主在听完了范蠡的话后，也对其投来了异样的目光。

范蠡被勾践说得一头雾水，丈二和尚摸不着头脑。

"啊？什么意思？"

勾践却继续自顾自地说道："老实说吧，这馊得发臭的主意是不是你和夫差两人谋划好的？"

范蠡道："那怎么可能？我与大王您一直是一个阵营的，绝无二心。"

勾践道："以前你若这么说，也许有几分可信度，但此时此刻说出来，我却连一个字都不相信。"

范蠡道："我对您的忠诚日月可鉴，大王您可千万不能这么说呀！"

他嘴里说着，人已经跪在了地上，对着勾践连续"咚咚咚"磕了几个头。

勾践的态度却依旧很冰冷。

"如果不是这样，你怎么会想出让我去尝夫差的大便这么丧心病狂的主意？"

范蠡连忙解释道："大王，微臣并没有戏弄您，请您相信我……"

勾践却只从鼻腔里发出了一声"哼"后便将头扭到了一边，无论范蠡如何解释，他都不再理会范蠡了。

最后范蠡也说累了，只好对其说道："如果我范蠡真有心出卖大王，是有成千上万种法子，也不必陪着您在吴国受这么久的苦，而眼下是个绝佳的机会，若错过了，日后我们恐怕就真的很难再有翻身之日了。"

说罢，范蠡便随即向勾践及雅鱼王后等人行了一礼，之后转身而去，出了屋子。

等范蠡走后，雅鱼王后忍不住了，向坐在那里扭着头、生闷气的勾践说道："我相信范蠡，相信他所说的一切都是为了我们好，为了大王您能早日回到越国做盘算，大王您不该这么对他。"

其实，方才范蠡说到最后一句话时，勾践的心已经被说动了，此刻被雅鱼王后这么一说，勾践的心里也挺不是滋味的。

因为确实像范蠡先前说的那样，如果范蠡要出卖自己，可以有成千上万次机会，成千上万种法子，而且随时随地都可以下套使坏来陷害自己，根本不必陪着自己来吴国受这份罪。

回想起那时吴王夫差当着他们俩的面，开出了优厚的条件来挖范蠡，范蠡都没有为之所动，这两三年来更是老老实实在自己的身边陪着自己给人做牛做马，任劳任怨，从没有半点怨言；而自己从一个什么生活技能都没有，手无缚鸡之力的君王，变成了现在身强体健，什么都会做的干练男子，也都离不开范蠡这两三年来寸步不离的协助。这样的忠于君主的臣子，又怎么会出卖自己呢？

"可是他居然让孤王去吃夫差的大便，这真是太过分了。"

勾践显然对于去吃夫差粪便一事还是心有余悸。

这也无可厚非，毕竟作为一个脑子没有病的正常人，谁会没事去主动吃他人的粪便呢？

雅鱼王后道："大王，您要明白我等如今的处境，而范蠡这招显然是'苦肉计'，如若不然，夫差对我们怎么会完全放下戒备之心？"

勾践在听。

雅鱼王后接着说道："大王，您要明白一件事。"

勾践道："什么事？"

雅鱼王后说道："您目前肩上所承担的可是我们整个越国的命运，您难道真的就愿意在吴国做一辈子奴仆吗？"

勾践道："孤王当然不愿意。"

雅鱼王后道："既然不愿意是不是就应该抓住一切机会，想尽一切办法回到越国去？"

勾践道："当然。"

雅鱼王后道："既然如此，眼下有这样一个机会，您为什么要错过呢？"

勾践道："可是……"

雅鱼王后打断了他的话，接着说道："吃得苦中苦方为人上人，您今天吃了他夫差的粪便，所换来的是他夫差对您的信任，待来日您回到越国，率领着我越国将士们雄赳赳气昂昂地踏破吴国的国门，也可以让他夫差尝尝您的大便不是吗？"

一语惊醒梦中人。

勾践茅塞顿开，当下拍案道："不错，眼下只要能得到他夫差的信任，尝一下他的大便又如何，等到他日我越国将士马踏吴地之时，孤王一定也会攒齐七八天的大便让他也尝尝，浪费一坨都不能饶他。"

说着说着，勾践竟然忍不住哈哈大笑起来。

雅鱼王后也笑道："是啊，既然大王您已经想明白了，就应该将范蠡追回来共谋大计才是。"

勾践一拍脑门儿，道："对对对！还是你想得周到。"

于是，他站起身就往门外跑。

他现在身边可少不了范蠡这个谋士，所以无论如何他也要将范蠡追回来。

说来也巧，范蠡并没有走远，而是就在门外一棵歪脖子树下站着，似是早就算到了勾践会出来找自己，所以特地在此等候着。

勾践一见范蠡并没有走，心里自然十分高兴，但是碍于自己与对方向来保持着君王之礼，因此这会儿也不愿意放下身段，他故作矜持地背负双手，走到范蠡身旁，干咳了一声，道："孤王方才仔细思考了一番，觉得你说的也有几分道理，于是决定一试。"

范蠡知道勾践心里是怎么想的，只是一时半会儿还放不下身段，于是也赶忙说道："大王为了越国肯做出这等牺牲，越国百姓日后定会世世代代铭记于心，永远不会忘记，微臣代表越国百姓谢过大王。"

说罢，他便又跪倒在地，向勾践恭恭敬敬磕了一个头。

勾践自然知道范蠡这一磕意味着什么，也知道接下来这一关，自己是再也躲不掉了。

既然躲不掉，也逃不了，索性就将心一横，大着胆子迈出这艰难的一步。

反正自己现在都已经沦落成这样了，还有什么放不开的？

为了返回越国，完成复仇大业，吃屎又算得了什么？

等到他日越国兵强马壮之时，这笔账他定会好好跟夫差算回来的。

五、将身自毁伤

第二日一大早，勾践就被范蠡之前买通的小太监带进了宫。

此时的勾践已充分做好了吃夫差大便的心理准备，剩下的只是等待恰当的时机即可。

头天晚上范蠡和勾践二人就第二日如何进宫见夫差，见到夫差后又如何瞅准机会去尝夫差的粪便，前前后后，反反复复，做了一个详细且周密的计划。

"这次的成功与失败，不仅仅关系到大王一家老小，更关系

到整个越国，因此只能成功不能失败。"

这是范蠡在黎明前对勾践说的最后一句话。

勾践道："你放心，孤王这一生已经犯过一次重大错误，如今受了这般教训早已痛改前非，吸取了教训，绝不会再犯，也不允许自己再犯第二次错。"

在那一刻，勾践心中忽然有了一种后世荆轲刺秦王时的那种"风萧萧兮易水寒，壮士一去兮不复还"的悲壮之感，仿佛自己接下来即将要面对的是九死一生的龙潭虎穴。

吴国宫廷内警备森严，三步一岗，五步一哨，禁卫军个个都是二十多岁、身高体壮的年轻小伙子，连吴王夫差身边的宫女太监路过他们身边时都是低垂着头，只看自己的鞋面儿，踩着小碎步快步走过，连大气都不敢喘一下。

如此严密的防守，就算是一只苍蝇也飞不进来，更别说是有人想刺王杀驾了。

勾践卑微地紧跟在小太监身旁，拐弯抹角，抹角拐弯，经过一重重的庄严巍峨的宫殿楼宇之后，终于来到吴王夫差所在的寝宫。

现在他很清楚自己的定位，在这里他就是一个地位低下的奴仆，既没有自由，也没有尊严，谁若看他不顺眼都可以上来踢两脚，往他脸上啐口吐沫，因此他唯有时时刻刻都保持一种卑微的姿态才能免去很多不必要的麻烦。

太宰伯嚭自从吴王夫差生病之后，一直就像老妈子一般在其身旁无微不至地伺候着，无论吴王夫差想吃什么，喝什么，他都是有求必应，甚至还亲自为吴王夫差端屎端尿，一点也没有怨言。

若是被不了解情况的人看见了他这么尽心尽力地伺候君王，保不齐会误以为吴王夫差才是他的亲爹。

勾践跟着小太监从外面进来时，正巧碰见伯嚭双手提着吴王夫差刚蹲稀拉出来的一桶热乎乎的大便从内房出来。

伯嚭没想到会见到勾践，而勾践也没想到位高权重的太宰伯嚭会亲自为吴王端屎端尿，因此当两个人四目相对的那一瞬间，双方都感到有些尴尬。

不过勾践反应并不慢。

仅在零点零一秒之后，他便立刻上前伸手准备接过伯嚭手中的粪桶，低声对其说道："像这种粗活儿，就应该由我这样的奴仆来做，怎么能劳烦太宰您亲自动手，真是该死。"

伯嚭一侧身，还不愿让勾践碰自己手中的粪桶。

他想在吴王夫差面前献殷勤的时候，其他人都必须靠边站。

他拧着眉，像狗护食一般护着手中的粪桶，对勾践怒道："你怎么进来的？谁批准你进来的？"

勾践道："听说大王近日来身体不适，一直卧床不起，我就很着急，一直想着进宫来伺候。"

伯嚭道："皇宫内院不是你该来的地方，你私自闯入，我可以叫人将你拉出去砍了。"

勾践道："太宰大人您息怒，贱臣之所以今日进宫，并不是想冒犯大王，而是想守在大王身旁伺候着。"

他接着道："贱臣身为大王身旁的奴仆，就应该在大王身边时刻听候差遣，如今大王生病卧床，更应该时时刻刻寸步不离才对。"

伯嚭指着勾践，骂道："少废话，你赶紧给我从哪儿来滚回到哪儿去，再不走，我立刻命人将你拖出去砍了。"

勾践一看伯嚭这是要动真格了，立刻吓得跪地求饶。

正在此时，只听床榻幔帐之后传来吴王夫差那病若游丝、气喘吁吁的声音。

"伯嚭，你在跟谁说话呢？"

还没等太宰伯嚭开口应答，勾践已经抢先回答道："贱臣勾践听说大王您身体不适，十分担心，因此今日斗胆进宫，想在您身边伺候着。"

夫差道："哦，原来如此。孤王这几日身体不便，也没心情见你，你该干什么干什么去，等到孤王病情转好，自然会传你来伺候的。"

这话的意思很明显是让勾践离开。

可勾践千辛万苦冒着生命危险进到宫里，又恰巧遇见伯嚭提着夫差刚拉出的热乎乎的新鲜大便，怎么可能就此轻易地离去？

"启禀大王，贱臣也学过医术，而且非常精通，因此……"

勾践的话刚说到一半就被一旁的伯嚭打断了。

只听伯嚭冷笑一声，道："你的意思，是想给大王看病开药了？"

勾践道："是。"

伯嚭道："放屁！勾践，你把自己当什么人了？宫中那么多御医都治不好的病，你来了就能有法子治好？"

伯嚭私下虽收了越国不少好处，但对勾践本人却十分看不上。

此刻，当勾践说出会医术，要给吴王夫差看病，他更是觉得勾践是故意在卖弄。

伯嚭自然清楚勾践这么做的原因，但他绝不能让勾践如愿以偿。

因为只有勾践老老实实待在吴国，待在他眼皮子底下，他伯嚭才有各种理由向越国的文仲狮子大开口，捞到不少好处。

"我有把握。"勾践这句话说得非常有底气。

到了此时此刻，他不能有半点退缩，也不敢退缩，一旦错过这次机会，他就有可能永远等不到咸鱼翻身的那一天了。

幔帐后的吴王夫差似乎也被勾践的回答所惊到了。

但他毕竟是君王，怎么可能随随便便就凭勾践一句话就信以为真了呢？

"你可别信口雌黄，欺骗孤王的后果，你应该知道。"

勾践此刻跪在地上的样子，就像一只鹌鹑一般乖巧。

"贱臣不敢。贱臣句句属实，还望大王您给贱臣一次机会。"

吴王夫差没有立刻回答，而是沉吟了片刻才又开口，道："好，既然如此，你且上前来。"

说罢，便只见吴王夫差从幔帐后伸出了一只手臂，显然这是让勾践上前为自己把脉诊断病情。

谁知，勾践却道："贱臣不用把脉。"

一旁的太宰伯嚭一听到他这句话，又忍不住冷笑道："不用把脉怎么看病？莫非你认为自己是不出世的神医不成？"

勾践道："贱臣只需要尝一口大王的粪便就能判定大王得的是什么病，什么时候能痊愈。"

尝他人大便就能知道对方得的是什么病，这种事众人别说见了，就连听都没听说过。

因此，当勾践将此话说出口时，在场众人顿时瞠目结舌，半天说不出一个字。

"贱臣恳求大王，允许贱臣尝一尝大王的粪便。"

吴王夫差估计也是被勾践的这句话给说蒙了，半天不知道该如何回答好。

就在这时，伯嚭却说道："好啊，我很好奇你勾践的神奇医术。"说罢，便将手中的粪桶放在了勾践的面前："既然如此，你就趁热赶紧尝尝吧！"

他这句话明显是带着戏弄的口吻在说的。

作为一个智商、神志都正常的人，别说是尝大便了，就算是提鼻子一闻到那股恶臭并且带着些臊气的味道，都会忍不住要将这一周的饭全都吐出来。

伯嚭贵为吴国太宰这么尊贵的身份，能够亲自动手为吴王夫差端着粪桶没有被熏死就已经是个奇迹了，所以他绝对不相信勾践能比自己还有胆量，能真的去尝一口粪桶中那一摊又稀又黄的恶臭之物。

周围吴王夫差平日里最宠爱的几位嫔妃以及宫女太监们更是觉得又好笑又好奇。

这一刻，大家对勾践要吃吴王夫差粪便的兴趣似乎已经超越了勾践给吴王夫差治病的兴趣。

在场的每个人都用一种看傻子的目光目不转睛地盯着勾践，

等待着他接下来给众人带来的好戏。

只见众目睽睽之下，勾践竟毫不犹豫地将一只手快速伸进盆中抓了一把那又稀又臭的恶心之物，并毫无避讳地送进了自己的嘴里，并且十分认真地品尝了起来。

此时，他手里抓着的仿佛不是令人作呕的臭屎，而只不过是一块被蒸烂的红薯而已。

时间在这一刻似乎停顿了。

没有人吭声，寝宫内寂静一片。

现在就算有根老太太用来缝衣服的绣花针掉落在地上也会觉得很刺耳。

每个人都睁大了眼睛，放大了瞳孔，屏住了呼吸，吃惊地看着眼前发生的一幕。

就连卧倒在床榻上病歪歪的吴王夫差此刻也不得不强忍着病痛坐起身子，示意身边的宫女将幔帐卷起，吃惊地看着勾践将自己的粪便一口口吃下，并吞进肚子里去。

若不是亲眼所见，吴王夫差真不敢相信眼前的一幕是真实的。

太宰伯嚭瞠目结舌地看着勾践跪在粪桶前吃屎，不由得暗暗挑起大拇哥，喃喃道："厉害，没想到你勾践真敢豁出去，竟真的敢吃屎，真是个狠人，我不佩服都不行啊！"

第四章　胜败兵家事不期，包羞忍耻是男儿

"启禀大王，您的粪便贱臣已尝过，现在已知晓您的病情了。"

勾践将手中的恶臭粪便吃了个干干净净，最后还用衣袖擦了擦嘴角，似是很满足的样子。

吴王夫差用一种难以形容的表情盯着勾践的脸。

这一刻，他脑子里已是一片空白。

过了良久，他才缓缓说道："你现在已经吃过了孤王的粪便，孤王很好奇，孤王这病严不严重，究竟什么时候能好转？"

根据《吴越春秋》一书中的记载，当时勾践是这么回答夫差的。

勾践道："下囚臣勾践贺于大王，王之疾至己巳日有瘳，至三月壬申病愈。"

吴王夫差听罢，觉得十分不可思议，于是便追问勾践道："何以知之？"

于是，勾践便详细地描述了自己吃吴王夫差屎的过程以及通过其屎的味道判断出的病情结果。

"下臣尝事师，闻粪者顺谷味，逆时气者死，顺时气者生。今者臣窃尝大王之粪，其恶味苦且楚酸。是味也，应春夏之气。臣以是知之。"

这段话当然是范蠡告诉勾践的。

但吴王夫差并不知道其中的缘由。

他听勾践说得言之凿凿，有鼻子有眼，自然而然就信以为真了，于是大悦地对着勾践道："仁人也。"

随后，便兴高采烈地赏赐了勾践一些生活用品和金银细软，放其回到了住处。

有人会说，这吴王夫差怎么也不动动脑子，这么容易就被范蠡、勾践二人随随便便给忽悠了？

其实，这都是现在人的观念想法，要知道在两千多年前的春秋时期，人们普遍对大自然的认知很肤浅，因此很容易偏听偏信一些乍听起来很有道理的言辞，所以当吴王夫差听了勾践这番话后便立刻信以为真，一点儿也不奇怪。

勾践如何一直忍着，直到回到住处才开始翻江倒海地呕吐等等都是后话，这里放下暂且不论，单说这没过多久，吴王夫差的病情果然逐渐开始好转，慢慢又恢复了往日的神采。

而勾践也因为这一次的舍生忘死的"苦肉计"表演，彻底征服了吴王夫差的心。

从此之后，吴王夫差不但对勾践更加信任，而且也逐渐对他及其家人放松了管制，不再将勾践、范蠡等人当作奴仆一般使唤了。

六、最佳表演

自古以来，历朝历代的君王数不胜数。

在这些帝王中，有的是名垂千古的明君，例如：清代的康熙大帝就是其中的佼佼者之一。

有的是残忍无度的暴君，例如：素有"千古一帝"之称的秦始皇就被认为是中国古代暴君的代言人。

还有些帝王，虽坐着龙椅，手下统治着千万里的江山，却丝毫没有治国理政的能力，反而对琴、棋、书、画非常感兴趣，甚至可称之为此间的绝世奇才。

宋代的徽宗皇帝便是其中之一。

然而，跟以上这三位君王相比，春秋时期的吴王夫差就是个另类中的另类了。

为什么这么说呢？

因为吴王夫差这个人的确很奇怪。

首先，他的确是一位明君，执政能力也有目共睹，在短暂的一生中的的确确做过几件了不起的大事，使吴国的军事实力突飞猛进，一度称霸于春秋，值得后世为其著书立传，好好写上一笔，歌功颂德一番。

但就他的性格而言，实在离一位杀伐果断，统领千军万马的政治家相去甚远。

他个人太过于看重人与人之间的感情，因而喜欢讲究哥们儿义气，为此有时反而更像是一位侠肝义胆的绿林江湖儿女，而不像一国的君王。

那位说，我这么说空口无凭，有没有确凿的证据呢？

不瞒各位看官，这证据笔者还真有这么一个。

别的咱都不提，单说吴王夫差对越王勾践这一屉就够说道说道了。

前文咱们说过，勾践为了夫差彻底相信自己，不惜以尝其粪便看病为理由，成功感动了夫差，从此之后勾践便是翻身农奴把歌唱，不仅不用再做繁重的体力活儿，而且生活质量上也有了很大改善，起码一日三餐是彻底告别了之前的野菜加窝窝头，顿顿都能吃到肉了。

这不，为了感谢范蠡，勾践这日特地将范蠡留在自己那不足二十平方米的斗室中吃饭款待，以表谢意。

"孤王能有今日，多亏了你范蠡当时出的绝妙主意，孤王真的要好好谢谢你呀！"勾践笑着拍着范蠡的肩头说，"来来来，别客气，快来尝尝这条今日夫差派人从宫里送来的鱼味道如何。"说罢，便夹了一块鱼肉放进了范蠡面前的碗中。

范蠡强忍着勾践口中喷发出来的恶臭，看着碗中肥而味美的鱼肉，却一点儿胃口也没有。

自从那日勾践尝过夫差的粪便之后，这嘴里不知怎么的，总是有股死尸般的恶臭，怎么也去不掉，"漱口水""牙膏"天天用，可却偏偏一点儿效果也没有，熏得全家人和他说话都要站到三米外才行。

而作为勾践的枕边人，雅鱼王后更是从那之后主动与勾践分床而睡，如此一来，搞得二人的夫妻生活渐渐也充满了不和谐的因素。

勾践为此也十分闹心。

但这样也不是完全没有好处，至少每当他一想起自己如今的口臭全因当日尝夫差粪便所致，心中的愤恨就加深了一分。

范蠡精通医术，自然知道该如何医治勾践的口臭。

但目前他与勾践都还是吴国的下等奴仆，行动自由受限，因此也没法去山里给勾践采摘草药，只好强忍着勾践嘴里呼出的臭气，强颜欢笑。

其实在范蠡看来，目前让勾践的嘴有臭味也是一件好事，至少这样能够时时刻刻提醒勾践，自己肩上是扛着国仇家恨的。

说到底，范蠡终归还是将勾践彻头彻尾当猴耍了一把。

为什么这么说呢？

道理很简单。

以范蠡的医术自然知道吴王夫差所得的并不是什么要死的大病，因此即便勾践不去吃夫差的大便，过些日子这病也能自动好转，可他偏偏出了这么一个馊得要命的主意，让勾践去吃夫差的大便。

退一千倒一万地讲，即便勾践当时反应不过来，着了范蠡的道儿，可他也并不傻，事后仔细一琢磨，还能琢磨不出这其中的缘由吗？

大家都在吴国当牛做马时，算是绑在一起的蚂蚱，不会和范蠡闹翻，但等有朝一日回到老家越国，并且挑去了吴国这颗眼中钉，刀枪入库、马放南山之时，坐在金銮殿内仔细一回想当初在吴国为奴的经历，就越来越恨得牙痒痒了。

"好你个范蠡，当初孤王在吴国为奴时，是你这臭小子出的馊主意，让我去尝夫差大便，欺骗夫差，你自己站在一旁看好戏，玩得可挺嗨呀！"

假如到时候勾践这么稍微一琢磨，范蠡立刻就危险了。而范蠡作为勾践屈辱历史的"见证者"，更是勾践想要"灭口"的首要目标。

这也是聪明智慧的范蠡后来为什么急流勇退，离开越国，浪迹五湖，弃政从商的根本原因，说明范蠡看问题看得很准、很深。

可是在当时那个特定的条件下，范蠡为了能帮助勾践复国，想出的这个办法也算是成功细中取，富贵险中求的一种。自古至今，尤其是在两千多年前的春秋时代，在混乱的国际关系斗争局势中，为了麻痹敌人，使对方上套，各路政治家、谋略家往往很少遵守所谓的"仁义道德"以及"公平竞争"，多数情况下都是出险招、损招，为达目的不择手段，甚至是丢弃尊严。

回过头来，还是单说此时此刻。

就在范蠡与勾践及其家人一起其乐融融坐在一起吃饭的时候，忽听得一阵敲门声猛然响起，顿时打破了众人仅有的欢乐气氛。

一听到这敲门声，范蠡等人心中均是一紧。

身为吴国的奴仆，身份低微，三天两头受人欺负都是家常便饭了。

但即便如此，你也只能是有苦往肚子里咽，有事找你的时候，你不能有半句怨言，也不能表现出丝毫的不情愿，得立马屁颠屁颠地去做才行。

待在吴国这两三年，勾践这点觉悟还是有的，因此当敲门声一起，他便赶忙起身麻利去开门。

门口站着的也不是别人，而是吴王夫差身边的宠幸太监总

管。

勾践一见是他，立刻恭敬地笑问对方道："贵足踏贱地，没想到是您来了，快请进，请进，不知公公到访有何吩咐？"

这太监总管刚要开口说话，一闻到勾践嘴里的臭气，差点没将隔夜的饭菜全吐出来。

只见他用衣袖捂住鼻口，皱着眉，道："哎哟，你的嘴怎么跟粪便池子一样臭啊？熏死洒家了……"

"小的该死，小的该死……"勾践连忙将头低下去，捂住自己的嘴，连连道歉。

"大王有旨，你日前医治好了大王的病，首功一件，为此大王特意选择明日在宫中开宴庆贺，召你入宫赴宴。"

勾践一听夫差让自己参加宫廷宴席，顿时心里激动不已，认为是范蠡与自己的"苦肉计"奏效了，赶紧向面前的太监总管连连道谢。

可这太监总管也不废话，说完扭头就走，根本不愿多理会身后的勾践，生怕自己再跟勾践说两句话就会被对方嘴里的臭气给活活熏得当场休克。

话说第二日清晨，几片朝霞飞天际，一轮红日上扶桑。

这一日，吴国宫廷里的宫女太监们可算是忙坏了，一大早就开始打扫宴厅，将此间擦得那叫一个锃光瓦亮，金光灿烂；宫中的御厨更是一刻都没闲着，煎、烹、焖、溜、熬、炖，什么山中走兽云中燕，陆地牛羊海底鲜，全都挨个上了一个遍，摆了一桌又一桌，看得人眼花缭乱，目不暇接，哈喇子似拉面般都快滴在鞋面上了。

其实，像这种宴席在吴国宫廷中经常会有，只不过今天这场有点儿特别。

因为今天吴王夫差请来的客人中除了以往的那些王族贵胄之外，还请了勾践。

宴席中，吴王夫差向南而坐，其余王公大臣均是向北而坐。

而作为地位低下的越王勾践则和王公大臣一同坐在贵宾席中。

这显然是吴王夫差有意要提高他的身份，并且向众人表示自己已经不再将勾践当成战败的奴仆了。

勾践心中自然是乐开了花，如果不是身处在众目睽睽之下，他真的要激动地疯狂大喊大叫起来。

众王公大臣对此自然也是了然于胸，因此对勾践的态度也有了一百八十度的大转变，主动与其进酒道贺，漂亮话说了满满一屋子之多。

可是，这样的欢乐场景并未持续多久，就被一个人的到来给打断了。

来的这人不是旁人，正是整个吴国朝野上下最瞧不上勾践的伍子胥。

伍子胥刚进入宴厅，一眼就瞅见被众同僚围在宴厅中央的勾践，顿时心中的无名之火就冒了三尺高，当下也不向吴王夫差行礼，转身就大步流星地拂袖而去。

众人见状也是哑口无言，尴尬至极，毕竟在吴国境内谁敢当着吴王夫差面耍这种横？

可伍子胥却偏偏是个例外。

别人不敢做的事，他伍子胥偏偏就敢做，只要是他心里不痛快，管你是什么王，该不给你面子照样不给你面子。

吴王夫差对伍子胥这种表现自然也是很恼火。

他脸色瞬间变得铁青，将手中的杯盏"砰"摞在了面前的几桌上，杯盏中的酒水顿时洒了出来，流在了地上。

这一举动吓得身旁伺候的小太监浑身猛地一激灵，之后立刻反应过来，赶紧俯下身子，跪在地上，用衣袖快速地擦着地毯上的酒水，连喘气都不敢大声。

七、虎归山林，后患无穷

就在这时，太宰伯嚭又把握住了拍夫差马屁的时机，于是对着吴王夫差说道："大王不必动怒，今天的这场宴席本来就是为心胸宽阔的仁者开办，只有那些心胸狭隘的不仁之人才会离去，子胥的有些想法向来与我们背道而驰，大王您宽厚仁慈，不必与他一般见识。"

伯嚭的一番话，总算使吴王夫差的火气降了一半。

他心中暗想："要不是看在你伍子胥是先王倚重的大臣，又为吴国做了不少贡献，立了不少功，单凭你今日的表现，孤王早就可以命人将你拖出去大卸八块了。"

勾践这时见状也赶紧见缝插针，将范蠡提前替他写好为夫差歌功颂德的祝词，当着众王公大臣的面拿了出来，并且当众有声有色、声情并茂地高声诵读起来。

"皇在上令，昭下四时，并心察慈，仁者大王。躬亲鸿恩，立义行仁。九德四塞，威服群臣。於乎休哉，传德无极，上感太阳，降瑞翼翼。大王延寿万岁，长保吴国。四海咸承，诸侯宾服。觞酒既升，永受万福！"

朗读结束之后，宴厅中顿时响起了雷鸣般的掌声。

这番言辞可真是将吴王夫差吹捧到九霄之外去了，使其原本没有的功劳说成有的，又将已有的功劳放大了十倍，说得是感天动地，感情十足，令周围听者激动，闻者亢奋，连吴王夫差自己听到最后都信以为真，认为自己真的做了这么多功德无量的大事，心情大悦，一扫之前伍子胥给他带来的不快。

无疑，由范蠡导演、编排，勾践主演的这场捧吴王夫差的诗歌朗诵表演，达到了空前的好评，将吴王夫差哄得是一愣又一愣的，由此便对勾践印象更好了。

其实，自从吴王夫差见到勾践、范蠡等人到吴国为奴的那一刻起，心底深处就已经有了一种恻隐之心。

在吴王夫差的眼里总觉得勾践这人不错，并没有自己之前想象中的那般奸诈。

虽然几年前吴国的惨败导致老吴王阖闾受伤而死，但那毕竟与勾践没有直接的关系。

而如今勾践不惜来吴国给自己当牛做马，任劳任怨，受尽了苦难，也算是将之前欠下来的账都还上了。

吴王夫差在心中暗自想道："看来这勾践是真心悔过了，既然如此，也是时候考虑将他释放回越国了。"

不得不说，吴王夫差的这种恻隐之心是一种善良的体现，但在复杂的政治舞台上，对敌人的善良通常都会将自己陷入危险的绝境。

因为"春秋无义战"。

此话出自于《孟子·尽心下》一书。

在《孟子·尽心下》一书中就对春秋混战时的局面做出了一针见血的评论。"春秋无义战"，原意是指当时各国战乱不断，但却没有一场战争是正义的，因此在儒家思想里自然而然地认为只有"礼乐征伐自天子出"才算是天经地义、合乎情理的战争，而春秋时期，"礼乐"早已崩坏。"礼乐征伐自诸侯出"，由此也就没有所谓的"正义之战"了。

这也是春秋乃至战国国际社会通用的不成文原则。

而吴王夫差的所思所想恰恰违反了这一原则。

花开两朵，各表一枝。

这边酒席宴前众人如何欢乐助兴，吴王夫差如何赏赐、夸赞勾践咱们暂且放下不表，继续来说说那边伍子胥的情况。

从宫廷宴会中与众人不欢而散之后，伍子胥回到家中，气鼓鼓地一个人坐在书房中自斟自饮，直到三更半夜。

现在，以吴王夫差为代表的朝野上下所有人都已经被范蠡、勾践二人低眉顺眼的假象所蒙骗了，只有他伍子胥一人头脑清醒，看得也最清楚。

如果任其发展下去，那后果必定是不堪设想的。

回想起自身苦命的经历，这一路走来受到外界诸多指责与不解，其中的煎熬也只有他自己懂得。

"怎么说我伍子胥现在也是吴国的两朝元老，食君之禄，担君之忧，不能就这样眼睁睁看着范蠡、勾践这俩家伙再继续作妖了。"

一想到此处，伍子胥就恨得牙痒痒。

他在心里起誓，一定要想尽办法让范蠡、勾践等人从这个世界上彻底消失。

于是，在宴会结束的第二天，伍子胥就主动进宫见了吴王夫差。

夫差今天的心情刚刚阴雨转晴，见到伍子胥来了，本以为对方是来向自己就昨日在宴会上无礼的行为诚心诚意道歉的，可没想到伍子胥一张口就又把他气了个半死。

只听伍子胥说道："有虎狼恶毒之心的人，往往表现出一种可怜低下的姿态来博取别人的同情。现在范蠡与勾践二人就是这种人，大王您可千万不能被他二人的伪装所蒙蔽了，不能听信他俩任何的花言巧语。"

伍子胥接着说道："您目前对他二人的态度很危险，就像是将毛发放在烛火上，还不想让其被烧焦，将一颗鸡蛋放在千斤重担之下，还不想其被压碎，这是绝对不可能的。大王您现在已经迷失了方向，失去了理智的判断力，老臣说这些虽然有些啰嗦，但其目的是不想看着您一错再错，希望您能够醒悟，及时止损。"

伍子胥的这番话句句在理，显然是以一种非常急切的心情在提醒吴王夫差要赶紧清醒过来。

但吴王夫差此时却连一个字也听不进去。

"一派胡言，简直是胡说八道！"吴王夫差拧着眉，将头摇得跟拨浪鼓似的说道，"孤王生病卧床不起三个多月以来，你伍子胥连问都没问过一回，更连一次都没进宫来看过孤王，孤王想吃的想喝的食物饮品也从没有叫人送进宫来过。现在孤王病好了，心里也高兴，想开宴庆祝一下，你却跑来横眉竖眼，指手画脚，嫉妒心爆棚，看不惯这个，看不惯那个的，你的仁义之心难道全叫野狗给吃了吗？拜托，你睁大你那双老眼昏花的大眼睛仔细看看人家勾践是怎么做的。为了治好孤王的病，勾践连孤王的大便都毫不犹豫地吃了。你伍子胥又做了什么？有什么底气在这里扇阴风，点鬼火，背地里说些阴阳怪气的话来迫害别人呢？这不是小人之举吗？"

吴王夫差越说越生气，声调也越来越大，到最后差点就要动手打人了。

"大王息怒，老臣……"

伍子胥刚要解释，却猛然被吴王夫差硬生生地打断了。

吴王夫差跳着脚，眼眶里都快喷出火星子了，怒发冲冠地指着伍子胥，对其怒吼一声，道："你不要再说了，给孤王滚出去！"

但伍子胥既然来了，就是抱着不说服吴王夫差不罢休的恒心来的，怎么可能就此轻易作罢？

所以，他继续说着："猛虎摆出低服的姿势时是为了准备猎取食物；狡猾的狐狸低下身子时也是为了寻找弱小的猎物。如今范蠡、勾践二人就是用这样低眉顺眼，对您百依百顺的姿态伪装自己，隐藏自己胸中野心来麻痹大王您。勾践不惜忍辱负重，甘愿从下面喝大王的尿，是为了有朝一日可从上面去吃大王的心；他俯下身子去吃大王您的粪便，也是为了有朝一日从上面吃大王您的肝，此乃用心险恶，不可不防呀！"

这句话说得大胆且冒犯。

所以当伍子胥说完后，双颊已涨得通红。

他知道作为一个臣子当着君王的面说出这种话，项上人头必定是保不住了。

但为了吴国的安危考虑，作为臣子他又不得不说。

如果不趁现在将吴王夫差从错误思想中扳正过来，赶紧对范蠡、勾践等人采取措施，日后说不定真的会有越国军队马踏吴地那一天。

因此，不等吴王夫差开口，伍子胥赶紧接着又说道："如果大王您继续执迷不悟，看不清范蠡、勾践的真面目，吴国迟早有一天会被越国所灭，假若吴国真到了社稷与宗庙都被摧毁的那一刻，大王将悔之晚矣！"

显然，在吴越两国争霸的战争局势中，从头到尾头脑始终保持清醒的只有他伍子胥一人。

正是由于伍子胥当年遭受过父亲被楚国君王杀害的痛苦，所以才使他现在时时刻刻绷紧神经，保持清醒的分辨能力，做什么事都小心翼翼，步步为营。

但可惜的是，吴王夫差和伍子胥的想法注定是天差地别，南辕北辙。

他虽然和伍子胥一样，也背负着杀父之仇，但他的心始终不能像伍子胥那般彻底狠下来去对待勾践，彻底消灭越国，扒开越国皇族祖宗的陵墓，用藤鞭抽打尸体。而且他太过于感情用事，妇人之仁，所以容易被一些小事所导诱。

假若是一个普通人这样并不会怎样，但可惜的是他吴王夫差不是普通人，而是一国之君。

作为一国之君感情用事就容易犯难以挽回的大错了，尤其是在复杂的春秋乱战、狡诈多变的政治舞台上就更加显得幼稚可笑了。

"行了，伍相国，你别再说了，孤王心中自有决断，你该干吗干吗去，孤王有些累了，需要休息。"

吴王夫差用一只手揉着自己的三叉神经，另一只手则向伍子胥摆了摆，已不愿再与其多说一个字。

伍子胥见状，心知吴王夫差现在已经陷入了范蠡与勾践设下的迷魂阵，难以自拔了，无论今天自己怎么说都是说服不了吴王夫差的，于是也不再说什么了，恭恭敬敬向吴王夫差行了一礼，便转身默默离去。

他知道，从这一刻起，自己不再是曾经那个在吴国庙堂之上说一不二的重臣，而吴王夫差也不再信任他，属于他伍子胥的时代已彻底结束。

不得不说，在吴国为奴的这三年，范蠡默默放长线精心为勾践量身定制的这一出"苦肉计"戏码达到了最终的目的，成功使吴王夫差相信勾践是真心痛改前非。

当然，在这出"苦肉计"的戏份中，作为男主角的勾践同学，表现也是十分值得称赞的。

他用自己那真实而不浮夸的表演，不惜以吃吴王夫差粪便诊病为代价，成功博得了吴王夫差的好评和关注。

而关于这段越王勾践以吃吴王夫差大便来取得其信任的行为，后世的人们也是众说纷纭，其中有两种观点最为突出。

在第一种观点里，人们认为越王勾践忍辱负重，坚韧不拔，而夫差宅心仁厚，宽宏大度。

而第二种观点却完全与第一种观点相反。

持这种观点的人们认为，越王勾践曲意逢迎，委曲求全，而夫差刚愎自用，妇人之仁。

其实，无论人们持以上二者中的哪种观点，都最终体现出范蠡在其间所发挥的重要作用。如果没有范蠡高深莫测的智慧与谋略，越王勾践想要复国是根本不可能实现的，而吴王夫差对越王勾践的态度也不会有如此的转变，从根本上就不可能相信他。

至于吴王夫差与越王勾践二人自然也都可以算是春秋吴越争霸时期的英雄，只不过二者的表现各有不同罢了。

越王勾践是"隐忍之心"。

他为了复国大业能够忍辱负重、卧薪尝胆这么久，当然能称之为英雄。

而吴王夫差则是"仁义之心"。

在他看来，自己对勾践算是仁至义尽了，而勾践的感激涕零、痛改前非都是理所应当。

基于以上这种想法，吴王夫差决定，彻底赦免勾践、范蠡等人，并准许其返回越国，从此吴国与越国恩怨将一笔勾销，化干戈为玉帛。

可令吴王夫差万万没有想到的是，自己的这一决定是一个"放虎归山"的危险举动，将会带来无法挽回的滔天的灾祸，彻底结束吴国的命脉。

第五章

长风破浪会有时，直挂云帆济沧海

一、重返越国，谋划伐吴

却说公元前 490 年的某一个春寒料峭、万物复苏的日子。

在吴国足足做了三年多奴仆的范蠡与勾践等人，终于等来了他们期盼已久的好消息。

吴王夫差在这一天正式下诏书，赦免了范蠡、勾践等人的罪行，并批准其返回越国。

当勾践听完小太监念完诏书上的最后一个字时，整个人再也无法平静，美得鼻涕泡都冒出来了，激动得当场又唱又跳。

一时间竟把一旁的小太监都看蒙了。

"终于等到这一天了，孤王终于等到这一天了，哈哈哈！"勾践大笑着对范蠡说道，"这都是你范蠡的功劳，今晚一定要庆祝，一定要喝个痛快，不醉不归！"

范蠡也是十分高兴。

"恭喜大王，贺喜大王，越国境内成千上万的百姓若知道了这消息必定是锣鼓喧天，举国欢腾，十分期待您的归国！"

勾践对着范蠡笑道："孤王能有今日都是你的功劳，这次回去一定重重赏你，说吧，你想要什么赏赐？"

范蠡猛地被勾践这么一问，倒是有些为难了起来。

第五章　长风破浪会有时，直挂云帆济沧海

"这一时半刻微臣也想不出需要什么。"

勾践道："没事没事，你慢慢想，什么时候想到了再说给孤王听都不迟，孤王的承诺永远有效，哈哈哈！"

他伸手拍了拍范蠡的肩头，又回头对着自己的夫人雅鱼王后说道："夫人啊，别愣着了，赶紧烧水准备做饭，顺便再将床板下藏着的那壶酒拿出来，今晚孤王要好好地奢侈一把！"

不得不说，这时的吴王夫差已经对勾践、范蠡等人完全放下了戒备之心，并且已经将勾践、范蠡看作了自己的朋友。

因为就在范蠡与勾践一行人收拾好，正式离开吴国的那一天清晨，身为一国之君的吴王夫差居然亲自赶到蛇门（今江苏省苏州市境内，属苏州古城八门之一）来为其送行。

根据史料记载："欲东并大越，越在东南，故立蛇门以制敌国。吴在辰，其位龙也，故小城南门上反羽为两鲵鳙，以象龙角。越在巳地，其位蛇也，故南大门上有木蛇，北向首内，示越属吴也。"

我国古时候，习惯讲究个"阴阳五行"，因此常将十二地支与十二属相对应，形成不同方位。

当时，越国的地理方位在长江以南偏东，因而对应的就是十二地支中的"巳"和十二属相中的"蛇"，而吴国地处越国的西北边，故曰"北向首内，示越属吴也"，蛇首向内而非向外，

因此从吴国通往越国边界之地称之为"蛇门"。

另外，根据唐代著名学者陆广微著的《吴地记》中所记载："蛇门南面有陆无水，春申君造以御越军，在巳地以属蛇，因号蛇门。"

回过头来再说说范蠡、勾践等人的情况。

话说，那是晴空万里的一天。

火红的金球刚爬上山顶，朝霞便迅速映红了半边的苍穹。

一阵微微的风拂过，吹起了吴王夫差鬓角那绺黑亮的发丝，也吹起了他的衣角。他盯着即将远去的越王勾践与范蠡等人，眼中竟流露些许的依依不舍。他是个重感情、讲义气的人，跟勾践、范蠡相处的这三年里，他深深地感到勾践、范蠡二人人品、性格不错，因此早已在心中将二人看成了自己的朋友。

朋友即将远行时，送朋友的人心里都会有些不舍。

据《吴越春秋》中所记载，临行前，吴王夫差对越王勾践说道："寡人赦君，使其返国，必念终始，王其勉之。"

这句话显然表明了吴王夫差诚心诚意想与越王勾践交朋友，从此化干戈为玉帛，同时也希望越王勾践回到越国后能诚心改过，为了将来吴越两国的睦邻友好关系做出努力。

可以说当时吴王夫差的这番话说得情真意切，感人肺腑。

相反的是，越王勾践却将吴王夫差的这番至情至性的言辞当作了狗屁，是左耳朵进，右耳朵出，完全没有走心。

但面对着吴王夫差，他却不敢将心里的想法表现出来。

为了能顺利地返回老家越国，于是越王勾践又上演了最后一场表演。

他对吴王夫差感激涕零，跪倒在地上连连叩头说道："今大王哀臣孤穷，使得生全还国，与种蠡之徒愿死于毂下，上天苍苍，臣不敢负。"

这句话听在旁人的耳朵里，一样是真真切切，并且对吴王夫差的恩典充满了感激之情。

单纯善良的吴王夫差听罢，果然对越王勾践信以为真，于是又说道："於乎，吾闻君子一言不再，今已行矣，王勉之。"

越王勾践一听吴王夫差这么说，心中更是得意得要命。

他知道此时的吴王夫差早已被自己所表演出的假象骗得是一愣又一愣，因此表面上的这最后一出戏更加要做足了，连忙又再次拜倒在地，一把鼻涕一把泪地向吴王夫差连连叩首致谢。

吴王夫差见状赶紧将越王勾践搀扶起，并亲自送其登上马车。

此时，范蠡亲自驾驶着马车。虽然过去这么多年，但少年读书时学过的驾车技能却丝毫没忘，因此驾驶马车的重任自然而然也就落在了他范蠡的身上。

尽管如此，吴王夫差还是有些不放心，于是便向范蠡嘱咐道："从我吴国到往越国虽不算很远，但路途崎岖险峻，你一定要多加小心才是。"

范蠡道："您请放心，这一路我定会倍加注意的。"

他看得出吴王夫差是真的单纯，也真的善良，可惜这样的君主往往最容易受人蛊惑。

若非自己现在已是越王勾践身旁唯一信任的谋士，他甚至恨不得现在就向吴王夫差坦白一切。

吴王夫差听到范蠡这么说，只是轻微地点了点头，却没有再说什么。

他已不需要再说什么了。

有时，沉默也是一种表达方式。

等越王勾践及其家人全都上了车后，范蠡才扬起手中马鞭"啪"的一声打在马背上，随后健马长嘶，车轮滚动，绝尘而去。

当时，在越国西北边境处有一个叫作"三津渡"的地方。

范蠡一行人舟车劳顿，到了傍晚时分才总算到达了这里。

越王勾践撩起车帘儿，将头伸出车厢仰望着天边的夕阳，不禁叹息一声，喃喃地说道："三年了，整整三年了，孤王遭受了三年的苦难，如今终于又回到了越国境内，真是不易啊！"

第五章　长风破浪会有时，直挂云帆济沧海

他扭过头，又对着正在驾车、鞭鞭打马的范蠡说道："孤王能毫发无损地回到越国，全靠老天爷的保佑。"

他竟将自己回到越国的功劳一把全推给了所谓的"老天爷"，转头就将陪伴他吃了三年苦难的功臣范蠡的付出抛之脑后，忘得一干二净。

范蠡听罢，心中不由得暗自苦笑。

可怜自己这三年的辛苦付出与精心谋划，才保住他勾践的性命，可到最后却全成了上天的旨意。

越王勾践问范蠡："如今孤王既然已经回到了家乡，本应该励精图治，发愤图强，可究竟要怎么做才能永绝后患呢？"

范蠡一听这话，心想："说一千，道一万，保佑你勾践的那位老天爷还是不能替你解决最基本的问题，回过头来还是得靠我范蠡呀！"

于是，范蠡胸有成竹地宽慰越王勾践，缓缓说道："大王您不必忧虑，方才您不是自己也说了，您能毫发无损地返回越国，全靠上苍的保佑，因此吉人自有天相。"

越王勾践在听。

所以范蠡继续说道："就像我们眼下所走的这条路一般，只要沿着大道一直走下去，不要犹豫，也不要回头，直到最后到达路的尽头就算是成功了，所以越国的好运将会伴随着您的归来一

同到来，而吴国日后必将遭受重大忧患。"

不得不承认，范蠡应该算是我国历史上最早的一批杰出演说家里面的佼佼者了。

他的言语一直以来都充满了无限的哲理，使听者不知不觉就陷入其中难以自拔，并信以为真，从而热血沸腾，斗志昂扬。

现在越王勾践就是如此。

听了范蠡的话，他仿佛听见了越国数十万将士那震天动地、使人血脉偾张的呐喊声，眼前仿佛出现一幅越国将士们挥舞着手中兵刃，不惧死亡，奋勇杀敌，直至冲破吴国都城大门的场景。

越国的百姓们得知勾践回国的消息后，便自发地集中在街道两旁，锣鼓喧天、鞭炮齐鸣地夹道欢迎。

越王勾践深深被此景象所感动。

他激动地对范蠡说道："越国不仅是孤王的，也是你范蠡的，所以你一定要帮孤王好好制定一个计划来振兴越国。"

这无疑是将治理国家的重任交给了范蠡，也充分表现出对范蠡信任有加，寄予厚望。

但范蠡心里很清楚，越王勾践又怎么可能真的将自己的国家分给自己呢？

他之所以在这种时候说出这样的话，其目的是为了将范蠡牢牢套住，好让范蠡继续给他卖命。

第五章　长风破浪会有时，直挂云帆济沧海

　　显然，对于范蠡而言，自己如今虽将越王勾践平安地带回到了越国，但也就从这一刻起，他肩上所背负的担子却反而更加重了。

　　为什么这么说呢？

　　因为作为越王勾践目前最重要的谋士，他接下来所要帮越王勾践解决的头等大事就是振兴越国，攻伐吴国。

　　可就以目前吴越两国的国情而言，吴国的综合实力要远远强于战败后的越国。

　　越国因为是战败国，自然而然就沦为了吴国的属国，不仅每年要向宗主吴国缴纳大量的金银珠宝，还要挑选成百上千的年轻貌美女子送到吴国。

　　长此以往，越国国内不但积贫积弱，百废待兴，而且人口也随之大幅度下降，从而导致社会阶级矛盾日益恶化。

　　在那个军事与生产力都要靠人来支撑的年代，人口就成了决定一个国家基础能力的重要因素。

　　而年轻女子的数量的多少，决定着越国新生婴儿的出生率。

　　不仅如此，自从战败后，越国的大片国土都被吴国占领，虽然越王勾践返回越国时，吴王夫差曾归还了越国数百里的土地，但即便如此，越国目前的国土总面积与吴国比较起来还是相差了一大截。

范蠡为了使越国的综合实力快速恢复，精心研究，通过熬了几个大夜之后，终于为越国量身打造了一套治国理政的方针计划。

他通过亲民政策，恢复农业生产，提倡多种经营，以"施民所善，去民所恶""内亲群臣，下义百姓"等政策，协调内部的阶级矛盾，稳定社会秩序，恢复发展基础经济，增强国力。

但只做到以上这几点还远远不够。

要想使越国的综合实力提升并超越吴国，还需要解决一个更重要的问题——军事实力。

而针对国防这一块，范蠡的方针是：扩充军队，积极备战。

只有强大的国防力量，才是保证国土安全的重要因素，也才有能力去与吴国一决高下。

范蠡善于运用计谋，又读过不少兵书战策，研究过不少历史上经典的战役，因此不止一次自信地对身边人说道："兵甲之事，仲不如蠡。"其意思向人表示，在用兵打仗方面，文仲不如他范蠡。

在班固著的《汉书·艺文志·兵书略》一书中的兵权谋十三家里就有两篇为范蠡所著。

由此可见，范蠡在用兵谋战等军事方面的确是有着独特造诣的。

但就目前的情况来看，越国只能维持现状，处处听命于强大的吴国。

而更要命的是，作为战败的一方，吴国根本不允许越国发展自己国家的国防力量，只能有最基础的"自卫队"。

但这又怎能难倒足智多谋的范蠡呢？

为了阳奉阴违、瞒天过海麻痹吴国，范蠡特意想出了几个行之有效的"障眼法"来作为掩护。

首先，他建议越王勾践重建被摧毁的都城。

当时，由于越国战败，都城四周的城防设施全部被付之一炬，因此越王勾践就想在隐秘偏僻的山林里重新修建一座行宫。

但当范蠡听了越王勾践的这一想法后却连连摇头。

越王勾践不解，便问其缘由。

范蠡回答道："大王既然有重振国力的雄心，就不应该将新建的都城选址在偏僻的山林里，而应该选择平整且风水极佳的宝地修建新都。"

越王勾践还是不懂。

于是范蠡便详细解释道："如果将都城建在偏僻之地，吴国得知后必定会对我们有所怀疑，认为我们是有意背着他们搞谋划，这样一来对我们很不利。"

他接着说道："与其这样，不如就将都城大大方方修建在风水好的地方，就摆在吴国人的眼皮底下。"

越王勾践道："摆在吴国人的眼皮底下不是一样什么事都做不成？"

范蠡道："非也。"

越王勾践道："哦，怎么说？"

范蠡道："当人能看到自己圈养的宠物整天在自己控制范围活动时，他也就不会担心宠物会丢失了。"

越王勾践终于明白了范蠡的意思。

"只要我们新修建的都城能让吴国人轻易地到达并且能够毫无阻拦地进来，那么吴国人自然也就不会在意我们关起门在屋子里做什么事情了。"

范蠡道："没错，就是这个样子的。"

于是，在范蠡的策划及设计下，新修建的"会稽城"只是一座二里三十三步的小城。

这个规模放到今天来看，也就只能算是一座普通小区的面积，而在当时，这座小城也就仅够越王勾践一家老小的生活居住。

建如此袖珍的小城，其目的就是为了给远在吴国的君王夫差看，似在向夫差表明越国根本就没有任何防卫吴国的意思。

果不其然，吴王夫差得知此消息后，并没有对越王勾践产生半点怀疑。

而在此之后，范蠡又在这座小城的基础上一点点扩建，使其逐渐形成了一定规模，但是为了继续麻痹吴王夫差，范蠡特意将城池的西北对着吴国的方向没有设防，甚至连建城墙的砖块儿都没有垒。

这意思无疑还是想告诉吴王夫差，越国对吴国是永远臣服的，吴国若想进入越国的都城随时都可以来，而越国将不设一兵一卒。

但相反的是，范蠡将城池的其他方位却建设得极为坚固，可说是固若金汤。

而且，在对应城池西面的卧龙山山顶之上，范蠡还修建了一座高塔楼，名为"飞翼楼"。

从表面上看，这座飞翼楼只不过是一座建在山巅之上用于观赏美景的普通塔楼，实则却是一座具有军事用途的塔哨，士兵站在这座飞翼楼之上瞭望，可将山下对面的城池以及城池周围附近百里范围内的情况一览无余，一旦发生战事，这座飞翼楼将会发挥巨大的作用。

此为一石二鸟，欲盖弥彰。

在此之后没过多久，见吴王夫差那边并没有什么反应，知道自己瞒天过海的计策奏效，范蠡便又带领着一支经验丰富的施工队，秘密前往吴越两国边境地带，专门修建了一座具有防御措施的边境城市，其目的就是为了监视吴国边境军队的一举一动。

后世的人们将这座城称为"固陵"。

此地就是今天位于浙江省东海边的浙江之口"固陵港"，紧挨着杭州市萧山区萧然山。

二、卧薪尝胆，积蓄力量

当然，仅做到以上这些表面功夫还远远不够，依然无法与吴国抗衡。

范蠡心里很清楚，强大的国防力量归根结底，还得靠士兵手中的兵器以及士兵自身顽强的战斗意志来支撑。

尤其在那个靠搏斗的冷兵器时代，无论战役的大小，只要敌我双方一碰面，必定都是近距离的惨烈厮杀。

因此，在这个过程中，士兵身上所携带的兵器强弱就显得格外重要了。

当时，范蠡为了改良越国士兵们的兵器，特意开出很高的待遇将越国境内十余名铸剑大师聚集在了一起，又找了一处极为隐秘的山林建了一所军工厂，并将这十余名铸剑大师送往此处，开始秘密研发新型顶级的兵器。

第五章　长风破浪会有时，直挂云帆济沧海

有了国家的政策与资金的大力支持，加之又集中了当时越国国内顶级的兵器大师，越国的兵器自然有了质的变化，从此不断提升产品质量，刷新纪录，直至升级成为春秋时期的佼佼者，兵器行业中"黑科技"的领军先进产品之一。

时至今日，无论是从文献记载还是从考古发现，都证明了当时越国兵器的高端质量的确是数一数二，无可争议。

例如，20世纪60年代，在湖北江陵（荆州市）考古发现了一柄长55.6厘米、宽4.6厘米的宝剑，剑身上刻有"越王勾践"的字样，由此考古专家推断，该剑为越王勾践生前随身佩带宝剑。

令人惊叹的是，该剑虽然在地下埋藏了两千余年，但出土时依旧寒气逼人，而且据专家研究后发现，此宝剑制造工艺非常惊人，即便是放到现今的时代，若想打造出这样一柄同等规格的宝剑也是有很高难度的。

除了改善兵器之外，越国还同时大力开展军队战车与战船的改造升级，争取全方位地提升军事力量。

有了这些强盛的武器以及战车、战船的加持，剩下的就只有士兵们的实战经验与战术技能等问题了。

为了提升越国士兵们的整体作战实力，范蠡除了督促将士们平日里刻苦训练外，还开展了多次的大规模实战军事演习，以此

来磨炼士兵们的战斗意志以及作战经验。

眼看着一天天兵强马壮起来的越国军队，仅仅归国两年有余的勾践，内心便骚动了起来，迫不及待地想对吴国开战，一雪前耻。

自从回到越国后，越王勾践为了时刻提醒自己在吴国为奴的那三年的苦难经历，特意在自己每晚睡觉的寝室床头悬挂一颗熊胆（苦胆），每回就寝前一定要用舌头去舔一下苦胆，以此来提醒自己不要忘记对吴国的仇恨。

在司马迁先生所著的《史记》中，对此有所记载："吴既赦越，越王勾践反国，乃苦身焦思，置胆于坐，坐卧即仰胆，饮食亦尝胆也。曰：'女志会稽之耻邪？'"

而在北宋时期，素有"唐宋八大家"之称的苏轼曾写的一篇《拟孙权答曹操书》文章中则写道："仆受遗以来，卧薪尝胆，悼日月之逾迈，而叹功名之不立，上负先臣未报之忠，下忝伯符知人之明。"

此篇文章也是"卧薪尝胆"这句成语最早的出处。

由此便可看出，即便越王勾践当年未必是真的"卧薪"过，但"尝胆"一事却是实打实地坐实了。

这也证明了他谨记教诲，立誓兴越伐吴的决心，因此才会如此着急地想对吴国开战。

于是，在公元前 488 年的某一天，越王勾践将范蠡、文仲等数十位朝中的大臣集中在一起开了一次会议。

此次会议的内容就是探讨对吴开战的事宜。

本以为这会是一次君臣一心、其利断金、激动人心的会议。

但令越王勾践没有想到的是，众大臣一听他要出兵对吴开战，纷纷将头摇得跟拨浪鼓似的，坚决不同意。

三、范蠡的美人计

越王勾践顿时有些怒了。

"如今我越国兵强马壮，为何不能对吴国开战？难道尔等都忘记了这几年来我在越国所遭受的苦难了吗？"

越王勾践的这句话，将在场的众大臣说得哑口无言，一时间面面相觑，不知道如何劝说才好。

就在这时，一直沉默无语的范蠡忽然开口说道："目前我们振兴越国，攻伐吴国的计划才实行了两年，无论是财政，还是军事才刚开始见起色，如果此时对吴开战，一旦被对方抓住先机，必定会输得更惨。"

在范蠡看来，越国目前需要通过"十年生聚，十年教训"前后总计二十年的修身养性时间来积聚力量，发愤图强，使得军民一心，同仇敌忾，才能最终对吴开战。

为了进一步迷惑吴王夫差，范蠡除了帮助越王勾践恢复越国的国力、军力外，还特意投其所好，按照吴王夫差的审美标准，亲自寻觅了一位越国境内既年轻又聪慧的女子带了回去。

范蠡通过日复一日地对这位丽人进行训练，最终使其在才、色、艺、技等方面都达到了令人无可挑剔的地步，最终才将这位美人送到了吴王夫差的身边。

而范蠡使出的这一"美人计"果然使内心空虚已久的吴王夫差上了套。

当吴王夫差见到此女的第一面时眼睛就直了，魂儿也被对方给勾走了。

尤其是当这小女子在吴王夫差面前盈盈一拜，娇滴滴地唤了声"大王"，那真是犹如：撕绫罗，打茶盅，琵琶奏，弦子哼，小小儿子叫爸爸头一声，没有这么好的了，赛梨不辣又脆又甜。

吴王夫差听罢，整个人顿时融化在了瓦蓝瓦蓝的天空里，全身上下二百零六块骨头都酥成了渣，连路也不会走了。

那一刻，吴王夫差仿佛有了种少年时初恋般的感觉，从此再也难以自拔，时时刻刻都不愿让这女子离开自己的视线范围半步，连每次上朝都要让其坐在自己身旁陪伴。

看到这里，各位看官一定已经猜到了此女子是何许人也。

第五章　长风破浪会有时，直挂云帆济沧海

没错，这小女子正是中国古代四大美女之一的西施。

辞藻欲表先无语，丹青未著已失神。

水偷月貌锦鳞醉，风袭蛾眉天下鞏。

莺声压却三军鼓，蜂腰舞动霸业根。

一场大梦烟波里，泪洒珍珠照来人！

西施，生卒不详，子姓施氏，春秋时期越国美女，世人一般将其称为"西施"，后人则也有将其称作"西子"，春秋末期出生于越国句无苎萝村（今浙江省绍兴市诸暨苎萝村），自幼随母浣纱江边，故又称之为"浣纱女"。

她天生丽质、倾国倾城，是我国古代"美"的化身和代名词。

当然，除了享有"四大美女"的称号之外，西施也可算是我国历史上第一位出名的女间谍。

北宋丞相韩琦曾孙、端明殿大学士韩膺胄在《三溪忟》中说："相国范少伯访西施之家，得采薪者之女，姓郑名旦字夷光者（父姓郑，母姓施），入选吴宫……"

《墨子》曰："吴起之裂，其功也；西施之沈，其美也。"自古至今，以女色亡国者，世皆罪于女，唯西子例外，无人将其比

之妹喜、妲己、褒姒之流，是西子之幸，或三女之不幸？

在出自《庄子·天运》"东施效颦"的成语典故中，对美女西施有关的故事做了这样的描述："西子病心而颦，村东丑女见而美之，亦捧心而效颦，富人见之，闭户不出；贫人见之，挈妻子而去。东施知美颦而不知颦之所以美。"

可见，历史中确实有西施这一人物存在。

而至于西施与范蠡二人之间发生的那一段家喻户晓、妇孺皆知的美好爱情故事虽广为流传，但在正史中却找寻不到相关的记载。

无论是在《国语·越语》《史记·越世家》还是《史记·货殖列传》《吴越春秋》等有关越国的正史中，都没有明确记录范蠡与美女西施二人曾发生过任何感情的瓜葛。

只有在东汉时期，吴越地方杂史《越绝书》（又名《越绝记》）一书中提到过一笔："西施，亡吴后复归范蠡，同泛五湖而去。"

因此，千百年来广为流传的范蠡、西施二人泛舟五湖的爱情故事，极有可能只是民间百姓们的一种美好期望，至于历史上是否真有其事，则仁者见仁，智者见智，各位看官不必过于较真。

咱们把美女西施先放到一边，回过头来继续说越王勾践准备对吴国发兵的事。

第五章　长风破浪会有时，直挂云帆济沧海

越王勾践听了范蠡的劝言，皱了皱眉头，道："那依你之见，我越国什么时候才有能力与吴国抗衡？"

范蠡道："每当百花盛开到最旺之时同时也是凋谢之时；烈日高照的时候通常也是快夕阳西下的时候，因此凡事都不能做得太满，满则溢出。"

他继续说道："目前吴国虽然如日中天，但是吴王夫差却不懂得'做事低调，做人也得低调'这一浅显易懂的道理，不懂得收敛自己的野心，反而四处与众诸侯作对，树敌太多，长此以往，吴国必将被拖垮，而越国则可以借此空当静观其变，暗自积蓄力量，等到时机成熟便可出击对付吴国，到那时，吴国定没有还手的能力。"

此话说得有理有据，实在很难找到理由反驳。

于是，越王勾践只得将对吴开战的想法暂且搁置。

但搁置并不等于忘记。

眨眼间就过去了两个春秋，时间来到了公元前486年。

这一回，越王勾践单独找来范蠡，商议对吴开战的事宜。

越王勾践道："这两年来，是越国经济腾飞的两年，跟两年前相比，如今的越国可谓是旧貌换新颜。"

范蠡道："是呀，越国这两年来恢复得的确很快。"

越王勾践忽然道："两年前孤王曾说过，想对吴国开战，当

时你阻拦了孤王，说还需要等待时机，如今越国国库充裕，是否已到了最佳时机？”

越王勾践说出这句话时是信心满满，满心期待着范蠡肯定的回答。

谁知范蠡却一顿摇头。

"天时、地利、人和，这三样决定战争胜败的因素，缺一不可。就目前的情况来看，我们'人和'的条件虽然具备了，但'天时'并没有具备，因此还需要再等待一段时间。"

在范蠡看来，所谓的"人和"指的是越国将士们的战斗意志和作战经验，而"天时"则指的是最佳的作战机会，"地利"指的是开战时的地理位置，三者缺一不可，都是决定一场战役是否胜利的关键因素，因此范蠡觉得此时并不是对吴开战的最佳时刻。

但范蠡也没有将话说死。

只听他对越王勾践道："大王可以趁这个空当，积极与吴国之外的其他诸侯国搞好关系，多结交些盟友，如此一来，将来一旦对吴国开战，越国就不会是孤军对战，而会得到很多盟军的支援。"

范蠡的一番言论又再次将越王勾践想要对吴开战的想法扑灭了。

越王勾践既然无法辩驳，也只好作罢了。

然而，这对每晚尝苦胆的勾践来说，是绝对无法忘记的仇恨。

仇恨本就能使一个人越来越坚强。

四、兔死狐悲，物伤其类

时间在不知不觉中悄然而去。

说话间，又已过去了两年。

在这两年中，范蠡可一点儿也没闲着。

自从回到越国后，他就一直没忘记给越王勾践医治口臭病。

这几年来，他一直派人在人迹罕至的深山中四处寻觅药材来给越王勾践医治，经过不懈的努力，最终被他找到了一种治愈口臭病的草药。

至此，困扰越王勾践多年的口臭病终于痊愈了，从此之后吃嘛嘛香，身体倍儿棒，夫妻关系也和睦了。

这一日，越王勾践与雅鱼王后用过膳之后便闲聊了起来，说到范蠡医治好了越王勾践的口臭病时，越王勾践便又想起了对吴国开战的事。

"这左一个两年，右一个两年，如今孤王归国已快十年了，而越国总不能这么一直被吴国骑在头上。不行，我得召范蠡进宫，聊聊对吴开战的事了。"

越王勾践甚至已经预感到范蠡会怎么说了。

因此他决定，这次无论范蠡用什么样的理由来阻止他开战，他都不能再心软了。

于是，在公元前 484 年的某一天的午后，越王勾践再次召见了范蠡，商讨对吴国开战的事宜。

"如今我越国的发展越来越好，国防力量也是突飞猛进，达到了前所未有的高度，而且据潜伏在吴国的探子回报，吴国近期发生了两件大事。"越王勾践情绪有些激动地对范蠡说道，"第一件大事是，夫差准备向北边扩展并与强大的齐国开战；第二件事是，之前在吴国处处与咱们君臣二人作对，想整死咱俩的伍子胥已经被夫差处死了，因此孤王觉得目前是上天赐予我们的最佳机会，我们现在可以向吴国开战了。不知道老范你的意思如何？"

当范蠡听到同为楚国人的伍子胥被吴王夫差处死的消息时，心里竟忽然变得有些失落。

夫差成就霸业心切，于是便想侵略北边的邻国齐国，而大臣伍子胥与他的观点恰恰相反。

在伍子胥看来，当下真正成吴国心腹大患的不是北边的齐国，而是东南边的越国，吴国应该趁此机会与齐国等中原大国结盟，争取得到更多支持，而将炮火对准越国，一鼓作气，将其彻底消灭才对。

可以说，伍子胥的判断一直以来都是正确且极为精准的。

只可惜的是，在吴国，真正有决定权的人并不是他伍子胥，而是吴王夫差。

更何况吴王夫差早已将越王勾践当作了自己的朋友，因此又怎么肯同意伍子胥的主张，向越国开战呢？

加之太宰伯嚭在这期间，一个劲儿在吴王夫差耳边扇阴风，点鬼火，说了不少离间伍子胥关系的言辞，使得吴王越想越觉得伍子胥有问题。

“这老小子该不会是暗中与齐国人秘密达成了某种协议吧？不然怎么会不早不晚，偏偏在孤王决定要向北扩张的时候来劝孤王与齐国联盟呢？”

于是，吴王夫差与太宰伯嚭二人想出了一个计策，那就是将伍子胥派去齐国出使。

从表面上看，伍子胥此次去齐国出使，是代表吴国对齐国进行友好国事访问，实则吴王夫差却是将伍子胥当作一个明面上的幌子去诓骗齐国，背地里却一刻不停地在紧锣密鼓秘密筹划对齐国发兵的战前计划。

伍子胥是何等聪明的人物，怎会看不出这是吴王夫差与太宰伯嚭二人在利用自己做鱼饵？

可他作为吴国的重臣，其本身就是要随时做好当棋子的准备，又怎么能违抗君王之命呢？

他十分失落地对着自己儿子说道："我多次劝谏大王连齐灭越，可大王一意孤行，坚决不肯对勾践那厮下手，如今我已经能够预料到吴国气数已尽，不久将会被越国所灭。你若继续待在吴国发展必定会受其牵连，不如随我一起入齐，我在齐国有一位至交好友名为鲍牧，你留在他身边应该会有更好的发展。"

伍子胥的儿子一直很崇拜自己的父亲，从来不会忤逆父亲，因此当伍子胥提出要将他一起带到齐国去时，他便顺从地答应了。

然而，人算不如天算。

伍子胥怎么也想不到，自己的一举一动此刻都在吴王夫差的掌控之中。

当伍子胥从齐国返回吴国，并向吴王夫差汇报自己访问齐国的情况后，另一头的太宰伯嚭立刻连夜进宫对吴王夫差说道："大王，据我们安插在齐国的内线回报，伍子胥此次入齐将自己儿子留在了齐国，这充分证明他已有了反吴之心，此时不将他除去，日后必成大患。"

吴王夫差一听伯嚭之言，顿时勃然大怒，吹着胡子，跳着脚，将伍子胥祖宗十八代全部问候了一遍。

于是，第二日，吴王夫差就下旨将伍子胥赐死，并赐其一柄剑，让其自尽。

伍子胥轻抚着冰冷刺骨的剑锋，忽然仰天苦笑，自说自话地道："回想当年，我助先王争霸，南征北伐数十载，立下了不少功劳，才有了今时今日吴国的强盛景象，想不到如今你夫差竟然只听了伯嚭那厮的几句谗言就要将我除去，真是可笑至极，可笑啊……"

说到这里，他又想起吴王夫差登基之前的一些事情。

那时候，几位王子为了一己私利，争夺储君之位，闹得兄弟之间明争暗斗，而他与先王阖闾则是力挺夫差。

为了能让夫差继承王位，他与先王阖闾冒死与其余王子们抗争，最终才使得夫差顺利继承王位。

直到现在伍子胥还清楚地记得，当年夫差登基的时候曾对自己说过要将吴国国土分一半赠与自己。

"孤王愿与爱卿共享这吴国的江山社稷。"

"微臣不敢，微臣身份低微岂敢与大王并肩？只求为大王出谋献计，早日完成先王称霸天下的遗愿，使吴国在众诸侯国中鹤立鸡群，成为众人无法企及的对象……"

一想起这些曾经发生过的往事，伍子胥的内心就愈加悲痛不已。

愤恨之余，他将家人聚集在一起，并留下遗言。

"等我死后，你们一定要将我的双眼眼珠挖出，系在鱼线上挂在城门楼之上，我一定要亲眼看看吴国最后是怎样亡国的！"

吴王夫差得知此消息后，气得差点儿没犯脑溢血休克。

他命人连夜将伍子胥的尸体剁碎，装进鸱夷子皮里（用牛皮、羊皮制作而成的口袋）并丢进钱塘江之中。

作为前半生坎坷、后半生为吴国两朝元老的伍子胥，一生中做过很多惊天动地的大事，因此也得罪过很多人。有人对他称颂，也有人对他诟病不止，最后落得如此下场，也是命运多舛，该有此一劫。

正如后世金代文学家王若虚对他的一句评价："勇而无礼，为而不顾，既自贼其君，又贼人之君，员真小人也哉！"

听完越王勾践叙述完伍子胥的结局之后，范蠡不禁在心中对自己问道："我的下场会不会最后也和伍子胥一样呢？"

当他与越王勾践同为吴国低下的奴仆时，伍子胥就是他最大的障碍，最大的敌手。

那时候，他与越王勾践二人无时无刻不想扳倒伍子胥。

可如今真的亲耳听到伍子胥惨死于吴王夫差之手时，他又联想起自己将来的结果。

兔死狐悲，物伤其类。

人类有时就是这么奇怪。

第六章

两袖清风朝天去，不带江南一寸棉

一、蓄势待发，反击之战

"老范，你在想什么？"

越王勾践见范蠡不知不觉竟出了神，显然是心里在想着事儿，于是忍不住开口向其问道。

范蠡被越王勾践冷不丁打断了思绪，连忙回过神儿来，解释道："微臣只是在想，目前还不是向吴国开战的最佳时机。目前我们'人和'的条件已基本具备，但'天时'方面的条件还没有来临，因此我们还需要再等一等。"

越王勾践一听范蠡这么说，一张脸顿时拉得跟驴脸一般长。

正要发火，但转念又一想："或许，范蠡已经有了自己的谋划，只是这一时半会儿不知如何开口向孤王叙述。"

回想在吴国为奴的那三年里，每次到了关键时刻，都是范蠡出谋划策，才使得他化险为夷，眼下如果自己一意孤行，执意对吴开战，说不定会犯下与之前一样不可挽回的错误。

"既然如此，那就再等上一等。"越王勾践将心中的火气往下压了压才又说道。

他的话虽然是这么说的，但心里却一直没法真的放下。

也就在这样着急的心态之下，寝食难安的越王勾践终于又等来了一个从吴国传来的特大消息。

公元前 483 年，吴国境内发生了一场大规模的饥荒，粮食供应短缺，使得物价飞涨，民怨沸腾。

而就在这样的境况之下，吴王夫差居然还准备出兵北伐，去与中原各诸侯国争夺霸主的地位。

当听闻这一千载难逢的特大消息时，越王勾践美得鼻涕泡都快出来了，当下立刻命人将范蠡召进宫，大笑着对其说道："老范，你所说的'天时'的机会来了，我们终于可以对吴国开战了，一雪前耻了。"

谁知，当范蠡听完越王勾践叙述完事情的前因后果时，却不紧不慢地说道："不，微臣认为此刻依旧不是最佳的出兵时机。"

越王勾践听罢，差点没蹦起三尺高。

这已经是范蠡反对自己对吴国出兵的第四次了。

老话说得好：事不过三。

要不是看在他范蠡曾经陪同自己在吴国一起受了三年的苦，他早就发飙，当场掀桌子骂娘了。

"为什么？"他瞪着圆溜溜的双眼，非常不解地问范蠡道，"你不是一直要等'天时''地利''人和'吗？目前三者显然都具备了，难道眼下还不是最佳的时候吗？"

范蠡道："当然不是。"

越王勾践在听，所以范蠡继续道："目前吴国境内刚发生了饥荒不久，举国上下人心不稳，如果此刻向吴国发兵，必定会将吴国人逼到绝境，那样反而会使得他们上下齐心，同仇敌忾来对抗我们，因此这个时候并不是最佳的出兵时机。"

范蠡说得并不是没有道理。

一个人一旦被逼到无路可退的地步时，势必会奋力反击。

而越国目前所面对的并不是一个人，而是整个吴国。

何况，范蠡的做事风格，向来讲究都是"一步一个脚印"，绝不下没有把握的棋，因此"天时""地利""人和"这三样因素不仅缺一不可，而且一定都要完全达到百分之百的预期才能让他有所动作。

无论是从政，或是治军，乃至包括后期的从商，范蠡都将这种思想从头至尾贯彻到底，从不草率行事。

于是，这次谈话就这样结束了，越王勾践依旧没有得偿所愿。

时间如离弦之箭，很快就来到了公元前 483 年的九月份。

眼看着吴国的局势越来越糟糕，而自己所统治的越国若再不把握住这次机会就有可能错失良机了。

为此，越王勾践天天心急如焚，摩拳擦掌，两颗眼珠子往外凸着，整个人都快疯了。

第六章　两袖清风朝天去，不带江南一寸棉

这时候，他对范蠡说道："孤王觉得在肚子饿的时候，御膳房浪费时间和精力准备的一大堆食材，也不及立刻端上来的一盘能立即吃的热气腾腾的熟食能解决根本问题。"

这句话的意思很明显是在指责范蠡拖延时间，延误战机。

范蠡是何等的智慧，又怎能听不出越王勾践的话外之音呢？

他笑了笑道："微臣这两天正准备进宫与大王您商议对吴国用兵的事情……"

他的话只说了一半就被越王勾践给接了过去。

只听越王勾践激动地对范蠡说道："老范，你莫非有了新想法？"

显然他一听到对吴开战的事就来了精神。

"是的。"范蠡说道，"微臣觉得目前'天时''地利''人和'这三方面的条件都已完全具备，而且就像抓捕逃犯一样，机不可失，时不再来，刻不容缓，必须马上调集兵马，做好对吴开战的准备。"

范蠡这回的态度竟如此坚决，反而使越王勾践感到有些不适应了。

越王勾践激动得都要哭出来了："老范，孤王没听错吧？你终于跟孤王在思想和行动上保持一致了。"

可就在这时，只听范蠡又道："据可靠消息回报，夫差刚率

领吴国的精锐离开吴国不久向北开拔，因此这个时候我们不宜发兵，免得吴军中途折返回来给我们来个回马枪。"

越王勾践冷笑一声，道："你莫非又想说让孤王再等一等之类的话了？"

"不完全是。"范蠡道，"微臣的意思是，这回我们不用再等很长时间了。"

越王勾践道："哦？"

范蠡道："这回我们只需要等到明年五六月份即可。"

范蠡接着道："等到明年五六月份时，夫差带领着吴国精锐差不多也已经到达了黄池，那时候就是我们最佳的发兵伐吴时机。"

越王勾践双眼忽然一亮，道："他将吴国境内所有的精锐都带到了那么老远的地方，一时半会儿肯定赶不回来了，等他得到消息时，整个吴国早已成了我们的囊中之物。"

范蠡道："没错，就是这个样子的。"

越王勾践大笑着对范蠡道："我就说嘛，你这老小子，一肚子坏水，藏得可深了，放眼这天下，谁也没你算得精啊！"

无疑，此次的吴越之战是越国长期积蓄力量以来向吴国复仇的第一战，也是釜底抽薪将强大的吴国彻底击垮的重要一战。

二、背后一击

春秋时期是一个极为特殊的年代。

这个阶段出现了"春秋五霸"。

而"春秋五霸"通俗地讲就是指有五位霸主出现。

也就是说，在这个时期，曾有五个诸侯国相继在众诸侯国中称王称霸做"大哥"。

他们所喊出的口号是"尊王攘夷"，以此来号召群雄；简而言之，是以周天子的代言人、新闻发言人的身份自居，并且替周天子行使"家法"，将那些既不遵守中原规章制度，又不给周天子缴纳"保护费"的国家"踢出群聊"，直接拉入黑名单。

无独有偶，吴王夫差自然也想争抢这"霸主"的位置来过过瘾。

可是，偏偏这个时期已是春秋阶段的末期了，历史即将翻开新的篇章，谱写新的故事，中原各国互相之间对谁做"大哥"早已没有了兴趣，也不在意。

因此，西破楚国，北败齐、鲁、徐等国，一路挺进，一路高歌，逐渐向西北扩张的吴国军队，虽势头很猛，无人可挡，但不远千里从东南边赶去参与晋定公在黄池（今河南省新乡市封丘县南）举办的"霸主选举大会"（黄池之会）的行为，在中原各国眼中看来，却是猴子耍戏，出尽了洋相。

公元前 482 年，盛夏。

吴王夫差率军沿水路北上，会晋定公及中原各个诸侯国国君于黄池会场，欲争中原霸主之位。

数十万人的吴军方阵皆是"白裳、白旗、素甲、白羽之矰，望之如荼，左军亦如之，皆赤裳，赤旟，丹甲，朱羽之矰，望之如火"，俨然一副势不可挡、威风凛凛的架势在碾压众诸侯。

可是，令人万万没有想到的是，就在吴王夫差向众诸侯秀胳膊，亮肌肉，展示实力最得意的时候，远在千里之外的越王勾践却趁着吴国境内防卫空虚之际，带领着两千水兵、四万将士和一千亲卫，总计四万多人突袭了吴国，闪电般便攻破了吴国的都城。

等到远在黄池耀武扬威的吴王夫差收到此惊天噩耗的时候，吴国全境早已沦陷被越国占领。

正所谓箭在弦上不得不发。

吴王夫差盼星星，盼月亮，好不容易等来了这可以称王称霸的机会，怎么能在这关键的时刻放弃？

从他父亲执政时期就在为这一刻做准备了，到了他这一代，更是励精图治，将这一目标牢记于心。

第六章　两袖清风朝天去，不带江南一寸棉

可是国土丢失这么大个事儿发生在一个有可能成为下一任霸主的君王头上，传扬出去岂不是让人笑掉大牙吗？

经过一番激烈的思想斗争之后，他终于做出了一个出人意料的决定，那就是彻底封锁此消息，并将传递此消息的通信兵给砍了脑袋，不让除了自己以外的任何人知道。

但这么大的事就算没有旁人知道，自己心里也不会真像做梦一般将其完全抛之脑后。

所谓相由心生，就是这个道理。

所有的不开心此刻可都写在了吴王夫差的脸上。

晋国赵鞅手下有一名心腹大将叫作司马寅，他虽身为武将，却是个观察力极为敏锐之人。

他看出吴王夫差脸色不太对劲，料想定是后方出了什么大事所致，因此私下对赵鞅耳语说道："微臣见吴王夫差这几日脸色阴沉暗淡，心不在焉，想必定是有什么大事发生，不如先看看情况再说，不用着急与其拼命。"

赵鞅一听此话，立刻反应过来，于是赶紧汇报给晋定公。

晋定公听罢，心中顿生一计，那就是让吴王夫差将"王"的头衔撤去，从此以"伯国"君主的身份自称，才愿意让其成为新一代的霸主，否则一切免谈。

反正现在各个诸侯国对这"霸主"早已失去了原有的热衷，

甚至有些诸侯国都渐渐有了逆反心理，既然如此，不如就来个顺水人情，让他吴王夫差过几天瘾。

在当时中原大国都是老牌的诸侯国，向来以东夷、西戎、南蛮、北狄这种歧视口吻来称呼中原之外的小国及部落，而偏偏吴国地处东南，正是不偏不倚属于这个"南蛮"的范畴，因此纵然在军事上强盛一时，也依旧被其他诸侯国所瞧不起。

于是，晋定公便派人到吴王夫差面前带话。

"您兵强马壮，用实力来说话，想做天子的代言人来号令群雄，这没有什么问题，我们这些诸侯国也不敢不遵。但众所周知，贵国原本只是一个'伯'国，现在却要以'王'的称号来做天子的代言人未免有些不妥，好似根本没有把天子放在眼里，如此一来，即便做了这代言人，众诸侯也不会对您服气的。"

吴王夫差道："所以，你们想怎样？"

来人淡淡一笑，道："很简单，只要您愿意将目前头顶上的这个'王'的称号去除，从此以'伯'自称，众诸侯从此自然愿意听从您的号令。"

吴王夫差一听，顿时就怒了，当场就想发飙骂街，但转念一想，眼下自己后方正失火，再没有过多精力在此地跟这些老古董耗下去了，赶紧达到目的，之后赶回去将自己的国土争抢回来要紧，于是不得不咬碎了牙齿往肚子里咽，便心不甘情不愿地答应

第六章　两袖清风朝天去，不带江南一寸棉

了对方条件，自降为"伯"，并与晋、鲁、卫等诸侯国国君假惺惺地举行了加冕仪式，之后便带领着大批吴军向吴国方向进发。

吴王夫差一路无话。

等吴军的大批人马返回到吴国的地界时，已经是吴国沦陷的数月之后了。

吴王夫差这一路是受尽了精神上的折磨，整个人都快脱相了。

作为一国之君，同时又是新一任的诸侯国霸主，居然连自己的国家都丢了，这种打击无论是谁都会受不了的。

此时，风尘仆仆的吴军早已是人困马乏，没有了任何战斗的意志，处于士气低落的最下风，如果与越军硬拼，后果将不堪设想。

夫差自然也意识到了这一点，于是便和身边几名心腹大臣商议之后，不得不做出艰难的决定，那就是向越王勾践低头求和。

越王勾践一听夫差想要求和，立刻表示不同意。

当年吴国攻破越国时，他自己就是这么委曲求全，低三下四地向夫差求饶，才会有今时今日的卧薪尝胆，咸鱼翻身，如今轮到夫差了，他怎么还会让历史重演一遍？所以死也不同意。

可范蠡却跟他有着不同看法。

范蠡说道："如今越国军队虽占领了吴国，取得了全面胜利，

但这种胜利完全是靠着吴国国内守备空虚而取得的，如果真刀真枪与吴国军队硬拼是绝对无法占到半分便宜的。"

越王勾践道："这一点我知道。"

范蠡又道："更何况现在大王您已经将吴国国库全都搬空了，这已经使得吴国在短时间内无法恢复元气，与越国抗衡。"

越王勾践道："所以你想说什么？"

范蠡道："微臣的意思是，现阶段我们并没有能力将吴国一口气吞下，如果硬拼，后果只能是转赢为败。"

越王勾践听罢，脸上一沉，道："你的意思，他夫差还有翻盘的机会？"

范蠡道："目前，夫差手里毕竟有数万吴国的精锐，这些士兵经过长途跋涉从黄池赶回来虽然有些累，但并没有废，更没有残，眼看着自己的国家被别人占领，自己的妻儿老小成为了他国的奴隶，心中肯定是愤愤不平。"

越王勾践道："所以，一旦他们缓过劲儿来，必定会怒从心头起，恶向胆边生，奋不顾身地与我们拼命。"

范蠡道："没错。"

越王勾践道："而我们只有区区五万多人马，从数量上远不及他们，一旦兵戎相见，肯定得不偿失。"

范蠡道："没错。"

越王勾践道："因此，你才觉得暂时同意夫差的求和是明智之举。"

范蠡道："完全正确，就是这个样子的。"

他接着说道："只要大王谨记教训，好好地发展越国的经济、军事等综合实力，将来必定会有将吴国一口吞下的能力。"

越王勾践点点头，道："而吴国经过这次失败，经济、军事等方面必定会大不如前，长此以往国内百姓肯定会有怨言，到了那时就是我动手的最佳时间。"

范蠡道："是的，大王所说的，正是微臣所想的。"

越王勾践道："哈哈哈……既然如此，那就暂且接受他夫差的求和吧！"

三、屋漏偏逢连夜雨

俗话说：好事不出门，坏事传千里。

吴王夫差此时此刻的处境就是这谚语的最好证明。

在黄池之会他虽然成功坐上了"霸主"的位置，成为了周天子的代言人，可以替周天子实行"尊王攘夷"的家法，但实则却并没得到各个诸侯国的尊重。

大家并没有将他这个"大哥"当回事儿。

而且，就连老天爷也丝毫没有给他留任何面子。

吴国惨败于越国的消息虽然一开始被夫差封锁，但这世上哪有不透风的墙？最终还是传进了各个诸侯国国君的耳朵里。

由此，夫差这个"大哥"便很快成了众人口中的一个笑柄。

熟悉中国古代历史的人都知道，从公元前481年开始，春秋时代基本就已经结束，要退出历史舞台了，而更加猛烈残酷的战国时代正在逐渐进入C位，成为引导历史推进的主要因素。

因此，这也就意味着，夫差的这个"大哥"的头衔，无论是从实际上，还是名义上都会成为一个虚名，根本没有任何实际的价值。

所以，当时间来到公元前480年这一年的时候，前几届的"霸主"楚国把握住了机会，趁着吴国被越国掏空财政，百姓们积贫积弱，军民不同心的空当，对吴国发起了一次猛烈的军事行动。

这次的军事行动当然是为了向吴国复仇。

前文曾提到过，吴国在膨胀称霸的时候曾经对楚国动过兵，当时两国对战的结局自然是楚国被教训了一番。

所以这一回，攥着辫子的楚国又怎肯轻易放过吴国？

但兔子急了也是会咬人的，何况吴国并不是兔子，更不是软柿子。

第六章　两袖清风朝天去，不带江南一寸棉

因此，在这一场军事行动中，楚国并没有捞到什么好处。

吴国将士们用鲜血和肉体之躯顽强抵挡住了楚国的大军。

可福无双至，祸不单行。

这场战争吴国虽战胜了侵略者，却也使得国内的残破局面越来越严重。

直到公元前 479 年，吴国境内竟又再次发生大规模的灾荒，使得国内阶级矛盾越来越严重，民怨沸腾。

这时候，夫差也是急得实在没办法了，赶紧派人到越国向越王勾践求助，希望越王勾践能拨出一部分国库粮仓的粮食来拯救吴国于水火之中。

但现在吴越两国的局势已经发生了变化，越国才是那高高在上掌握话语权的一方，因此怎会让吴国好受。

越王勾践不但没有同意拨粮食来拯救吴国，还将吴国的使臣当众大骂了一顿，使得对方颜面扫地。

"想借粮食，门和窗户都没有，回去告诉夫差，孤王的粮食就算捂在仓库里发馊了，全都丢进臭水沟里也不会借给他！"

吴国使臣受尽了委屈，回到吴国向夫差一把鼻涕一把泪地叙述了事情的原委。

夫差听罢，心里一阵绞痛，竟是说不出的苦闷，不住地唉声叹气。

这一夜，吴国全国境内的树叶子都快被他叹气声给叹掉光了。

说话间，时间来到了公元前 478 年。

这时候，越王勾践估摸着差不多了，于是将范蠡找来，问道："怎么样？如今是否已到了我们彻底将吴国消灭的时候了？"

范蠡道："没错，此时此刻正是一口气吞下吴国的最佳时机。"

于是乎，在这一年的三月份，越国发兵，第二次向吴国主动攻击。

而这场战役也是吴越两国争霸史上著名的"笠泽之战"。

越军数万水师在笠泽（今江苏省吴江一带）重创了吴军。

在这场惨烈的战役中，吴军伤亡惨重，三战三败，白骨成山，血流成河，最后仅有数百名亲卫护着夫差一路躲进了姑苏城内（今江苏省苏州市），吓得体如筛糠，瑟瑟发抖，此后竟是数年都不敢出城。

一转眼，到了公元前 473 年。

这一年已是姑苏城被越军所围的第五个年头。

城内粮仓中的余粮已经消耗殆尽，颗粒无剩。

士兵们连早先带进城中的战马都吃得差不多了，眼看着下一步就打算啃树皮、吃人肉了。

就在这同一年的十一月份里，厄运再次降临。

第六章　两袖清风朝天去，不带江南一寸棉

兵强马壮的越国将士，一鼓作气，踏破了姑苏城的城门，将城中的吴军逼到了绝境。

此时的吴军已完全丧失了斗志，一见越军破城，吓得纷纷丢盔弃甲，作鸟兽散。

而吴国国君夫差最后没逃掉，被越军所擒。

越王勾践俯视着低头耷脑，似只斗败了的公鸡一般的夫差，得意地笑道："风水轮流转，真是此一时，彼一时啊！想当年孤王自降身份，到你吴国来为奴的时候，你夫差也和孤王现在一样神气，可想不到如今却成了这般模样，哈哈哈！"

夫差只是低着头看着眼前的地面，静静地听着越王勾践的嘲讽言辞，却始终没有说一个字。

越王勾践也不在意，接着叹了一口气，继续说道："不过孤王向来不是那种冷血之人。当年在你吴国时，虽为你身边的奴仆，但你却没有对孤王做过很过分的事情，甚至后来还将孤王当作朋友一般对待。因此，如今孤王也不想杀了你。"

他忽然俯下身去，在夫差耳边，小声说道："孤王想把你安置在甬东，再给你百十个奴仆，几百亩良田，安度晚年。在那里你依旧可以衣食无忧地过着生活，只是没有了疆域和兵卒，你觉得如何？"

这个条件听起来的确是不错。

只不过对于夫差这种做过一国之君，且非常自傲的人来说，这简直比直接杀了他还令他难受。

"孤王老了，恐怕不能再侍奉大王您了。"夫差突然冷不丁一笑，仿佛是在自言自语地喃喃说道，"我只后悔当初没有将伍子胥的话听进去，如今才会落到如此悲惨的下场，这都是天意，天意啊……"

说到最后一个字时，夫差突然起身，夺过身旁一名越兵腰间的佩刀，向自己的脖颈处一抹，当场血花四溅，死尸倒地。

至此，越国经过十年生聚，十年教训，最后终于击败了吴国。

但也正是因为这次的胜利，使得越王勾践整个人都飘了。

他有时甚至认为自己也可以去横扫中原，成为新一代的霸主了；对身边人的态度也开始傲慢无度，有种"顺我者昌，逆我者亡"的蛮横架势，动不动就将身边的奴仆拖出去砍了，弄得宫里宫外、朝野上下人心惶惶，生怕说错一句话得罪他。

除此之外，自从击败吴国之后，他这种得意忘形的势头已经使他彻底地放飞了自我，开始毫无节制地享乐生活，什么酒池肉林，见天儿晚上开通宵派对，在他的行宫中早已是见怪不怪的家常小事了。

而对于越王勾践所做的一切疯狂举动，明锐而智慧的范蠡早就看在了眼里，记在了心里。

他嘴上虽然从来没说过，但在心里却已有了自己的盘算。

他决定要离开越王勾践，而且是越快越好，慢一点儿都不行。

其实早在越王勾践第二次准备对吴开战的时候，范蠡就已经打算离开越国远走高飞了。

那时候，越王勾践就已经逐渐显露出他那蛮横跋扈不讲理的一面了。

但当时范蠡考虑到自己还没有完成帮助越王勾践灭吴的任务，因此暂时忍耐了下来。

如今吴国已亡，夫差也已死，越王勾践已成为东南一带无可争议的霸主，他的使命也就此完成。

以他对越王勾践的了解，自己如果再不离开，接下来必定会有大麻烦降临到头上。

"飞鸟尽，良弓藏；狡兔死，走狗烹。"这是千古不变的定律，也是任何人都无法改变的历史规律。

别人不用提，与范蠡同为楚国人的伍子胥最终的结局，就是这句话最好的验证。

因此，有了伍子胥这样的前车之鉴后，范蠡又怎会傻乎乎地做砧板上的鱼肉，等待着让越王勾践来宰割呢？

可是，越王勾践也不傻，他又怎会如此轻易地放走范蠡呢？

四、去意已决

"什么？你要离开越国？为什么？"越王勾践用一种难以置信的眼神盯着范蠡。

"大王如今已是威震八方、傲视天下的一方霸主，无人可比，已不需要微臣在侧出谋划策，也能应付一切了。"

越王勾践道："老范，你是不是对孤王有什么不满？"

范蠡道："大王对微臣很好，微臣能有今时今日的地位全是大王所赐，微臣并没有什么不满，也不敢有不满。"

越王勾践道："那为什么你要离开？过去咱俩一起在吴国为奴的时候，你都没有这种想法，怎么如今过上好日子了，反而想要走了呢？"

范蠡道："过去微臣立过一誓，一定要助大王灭吴，完成千秋霸业；如今吴国已灭，吴王夫差也已死，放眼天下，再也没有谁敢与大王一争高下，因此微臣觉得自己是时候该离去了。"

越王勾践双眼眯成一条缝，死死盯着范蠡，沉吟良久，才又缓缓说道："你真的去意已决？"

范蠡道："是的，微臣心意已决，决定离开越国，找个僻静之处安度晚年。”

“微臣愿意将这些年大王赏赐微臣的所有财富全部充入国库，两袖清风地离开越国。”他接着说道，“当年在吴国时，大王不是问过微臣想要什么赏赐吗？”

越王勾践在听。

于是范蠡继续说道：“当时微臣说一时想不到有什么想要的。”

“但是你现在却想到了。”越王勾践冷冰冰地说着。

范蠡道：“是的，如今微臣想要的就是离开越国，希望大王成全我。”

能做到范蠡这种位置，并且和他一样有用不完的财富的人普天之下并不多。

而范蠡却愿意将自己的财富全部充入国库，实在令人无法理解，也无法抗拒。

只可惜，这并不是越王勾践想要的答案。

越王勾践忽然叹了一口气，道：“本来孤王还打算将越国的国土分一半给你，可是你现在……”

他故意将这句话说到一半就不说了，就是为了引诱范蠡改变主意。

范蠡笑了笑道：“就算您真的分一半的越国国土给微臣，微臣也没有那个能力去管理。”

越王勾践一挑眉毛，忽然发出一声冷笑，道："如果你真的要走，那孤王也留不住你，却可以将你妻儿老小全部处死。"

这显然是一种非常无赖的做法了。

在越王勾践看来，范蠡就算要死也得死在他眼前才行，否则他将会连觉都睡不踏实。

越国能有今时今日的变化全靠范蠡一步步的谋划，如果一旦让范蠡离开越国，谁能保证他真的能从此隐姓埋名，老老实实地安度余生？万一他转身又投靠了别的诸侯国，那对越国来说简直就是一颗定时炸弹。

但范蠡是什么人物，又怎会被越王勾践的这种言语给吓唬住？

他非常冷静，也非常平静地说道："我一家老小犯了什么罪？大王您凭什么要处死他们？"

越王勾践继续冷笑着，道："老范，你要知道，在这个国家里孤王说了算，任何人想背叛孤王都要付出沉重的代价，如今既然留不下你，那我只能将你的家人留下来了。"

范蠡一听这话，顿时也来劲儿了，对着越王勾践直言道："没错，您是大王，您想杀谁就杀谁，谁也拿您没办法；既然如此，那就随您的便吧！反正我去意已决，是不会为了任何人、任何事而改变的。"说罢，不等越王勾践开口，便转过身，头也不回地

第六章　两袖清风朝天去，不带江南一寸棉

拂袖而去。

他算准了越王勾践不会现在就命人将他拖出去斩了，所以才会如此大胆行事。

在吴国为奴的那三年，他见天儿与越王勾践朝夕相处，早就摸透了对方的脾气。

越王勾践怎么也没想到范蠡竟敢在自己面前耍这种脾气，一时半刻竟完全被对方的举动所惊到了，半天说不出一个字，眼睁睁看着范蠡的背影远去。

大厅内骤然安静了下来。

也不知过了多久，猛然就听得"啪"一声脆响。

原来是越王勾践将自己手中的茶盏猛地摔在了地上。

旁边服侍他的那些宫女、太监被他这突然间的举动吓得是体如筛糠，连大气都不敢喘一下。

又不知过了多久，一个老太监忽然从外面踏着小碎步走了进来，径直走到了越王勾践身旁垂手站立却不吭声，似是在等着越王勾践先开口发话。

越王勾践一看见是他来了，压了压火气，开口沉声问道："事情办得怎么样了？"

这老太监开始似有些迟疑，支吾了半天，才缓缓回答道："启禀大王，据派去范蠡府上的人回来说，他们到达范蠡府上时，府

内已是空空如也，连个鬼影也没有了，院内唯独留下的只有成堆的金银细软。"

"什么？"越王勾践听罢，当场拍案而起，怒吼道，"混账，一派胡言，他本人才刚走没多久，家里怎么会连一个人都没有，难道都飞上天了不成？"

老太监连忙跪倒在地，磕头如捣蒜地道："老奴句句属实，不敢有一个字欺瞒大王……派去的人都是大王身边的亲信死士，相信也没有那个胆子敢冒着掉脑袋的风险来欺骗大王。"

越王勾践听罢竟愣在原地半天，不知说什么好，最后终于又坐回到了刚才的位置上，不住地摇头，喃喃自语道："范蠡不愧是范蠡……你这一出'声东击西，瞒天过海'的戏演得可真逼真，孤王居然被你当猴耍得团团转！"

其实，就在范蠡向越王勾践提出辞职申请的同时，他的家人早已收拾好了衣物，套上了马车，远远地离开了越国境内，却将这些年范蠡在越国积攒下来的金钱全部留了下来。

就在范蠡打算离开越国之前，曾写过一封信给好友文仲，劝说其一起离开越国，否则早晚会被越王勾践所害死。

当年，两个少年郎相伴一起来到越国寻求发展，历历往事仿佛就发生在昨日一般。

如今范蠡要离去，自然也舍不得丢下老朋友不顾。

第六章　两袖清风朝天去，不带江南一寸棉

他在信中写道："吾闻天有四时，春生冬伐；人有盛衰，泰终必否。知进退存亡而不失其正，惟贤人乎！蠡虽不才，明知进退。高鸟已散，良弓将藏；狡兔已尽，良犬就烹。夫越王为人，长颈鸟啄，鹰视狼步。可与共患难，而不可共处乐；可与履危，不可与安。子若不去，将害于子明矣。"

但可惜的是，当时的文仲在越国正是一人之下万人之上，如日中天的时候，怎么可能抛下这好不容易得到的一切，随范蠡一起离开越国，从此做个云游四海的闲人呢？

权力和财富似乎永远是这世上最能麻痹人心的武器之一。

而文仲恰恰是被权力和财富给牢牢套住了脖子。

因此，他最后的结局自然也不难想象。

就在范蠡及家人消失没多久之后，越王勾践便随便找了一个不是理由的理由，将文仲给杀了。

其实，他杀文仲的主要原因是怕文仲会跟范蠡一样离开越国，并转而投靠其他的诸侯国，为其他诸侯效力来对付自己。

"当初孤王兴国灭吴时，你与范蠡曾向孤王献七计，可如今孤王只用了五计就将吴国灭了，剩下的两计你就留着到阴间献给先王用去吧！"

五、闲云野鹤过余生，终留传说撒人间

越王勾践从来都不是一个宽宏大度的人，而且做事非常极端化。

他想要做一件事，就算明知道比登天还难，也要去做，而且不达目的誓不罢休。

因此，他自然也不会这么轻易地放过范蠡。

自从范蠡离开他之后，他不止一次地派出大批人马，满天下四处打听、寻找范蠡及其家人。

可惜奇怪的是，范蠡自从与家人一起离开越国之后，整个人就像是人间蒸发了一般，消失得无影无踪，无论越王勾践派出去多少人，花费多少时间和金钱，都打听不到任何有关范蠡的消息。

有趣的是，正是由于越王勾践不断派人四处寻找范蠡的关系，使得"范蠡"在民间百姓耳中渐渐成了一个耳熟能详的名字，由此便流传出许多有关范蠡的各种各样、五花八门的传闻，以至于到后来，谁也分不清这些传闻里究竟有几分真，几分假，有些甚至还被写进了地方杂记中流传至今。

而在相关的正史记载中，最被后人所津津乐道的则是范蠡弃

第六章　两袖清风朝天去，不带江南一寸棉

政从商一说。

相传，范蠡及家人离开越国后，云游四海，泛舟五湖，最终来到了齐国靠海的一个小城镇定居。

在那里，他化名"鸱夷子皮"，探究养鱼之道，以养鱼、卖鱼以及盐业为生。

据说，范蠡之所以给自己起这个名字，是为了纪念同为楚国人的伍子胥。

他与伍子胥二人虽各为其主，立场不同，却十分敬佩对方，早已在暗中将对方引为知己。

当然，也有种说法是，范蠡取这样一个名字其实是为了纪念自己的红颜知己西施。

因为根据《墨子》中所记载，在吴国被越国所灭之后，越王勾践就命人将西施装进了鸱夷子皮里沉入了河里。

而范蠡到了齐国之后依然念念不忘西施，因此改名为"鸱夷子皮"。

据《史记》记载，范蠡在齐国"耕于海畔，苦心戮力，父子治产，居无几何，置产数十万"。

在齐国居住的几年中，范蠡研究出一套独特的养鱼绝技，并迅速积累了大量财富，还将此妙计传授给周围的渔夫，成为了远近闻名的首富。

不久，齐国君王便得知了此消息，于是派人去请范蠡入朝做官。

可范蠡说什么也不答应。

但齐王是个非常有毅力的人，一次不行就两次，两次不行就三次。

到最后，范蠡也实在不好意思推托了，就勉勉强强答应了齐王，入朝为官。

但两年之后，他便又故技重施，散出自己所有的财富于乡民，并向齐王辞官交出相印归隐。

在范蠡看来自己久受尊名不祥，长期享受着一人之下万人之上的身份和地位不是一件好事。

齐王一看实在也是留不住范蠡，毕竟强扭的瓜不甜，就算留下他的人也留不下他的心，于是便同意了范蠡辞官的请求，收回了相印。

此后，据说范蠡又来到了被当时人们认为是天下中心地带的定陶（今河南省定陶县），再次化名为"朱公"，从此一心一意以做买卖经商为业，没过几年又再次成了当地方圆百里之内首屈一指的首富，并且多次慷慨解囊，救济那些生活穷苦的百姓，十九年之中三聚三散，久而久之，便成了人们心中的"财神爷"。

此外，他还利用闲暇时光写了不少关于经商的书，例如《陶

第六章　两袖清风朝天去，不带江南一寸棉

朱商经十八法》《商训》《十二戒》等，最终潇洒自如、闲云野鹤地度过余生，成为一代传奇人物，流芳百世，供后人敬仰，被后世人尊称为"商圣"与"财神"。

附录一

范蠡年谱

公元前536年，范蠡出生于宛地（河南南阳）三户邑。

公元前516年，楚国宛县县令文仲见范蠡。

公元前511年，范蠡邀文仲入越。

公元前494年—公元前493年间，勾践兵败于会稽山，始重用范蠡、文仲等。

公元前493年，勾践、范蠡君臣入吴为奴三年。

公元前490年，勾践、范蠡君臣离吴返越。

公元前488年，勾践欲起兵伐吴，范蠡劝阻。

公元前482年，吴王北会诸侯于黄池，越国军队趁机攻打吴国，吴国沦陷。

公元前478年三月，越伐吴，吴师还战于笠泽，越人大败吴师。

公元前473年年底，越灭吴，夫差自杀。

公元前468年，越王实现霸业，范蠡即泛舟五湖，弃政从商。

附录二

人物列表（书中人物列表，不分出场顺序，只按阵营及主次排列）

越国阵营

姓名	生卒	祖籍	字	官位爵位	职业
范蠡	前 536—前 448 年	楚国宛地三户	少伯	相国、上将军、上大夫	政治家、军事家、谋略家、经济学家、商业理论家、道家学者
文仲	？—前 472 年	楚之郢	会、少禽	（具体不详）	谋略家
越王勾践	？—前 464 年	会稽	姒姓，本名鸠浅	越国国君	君王
石买	不详	不详	不详	越国大将	将军
灵姑浮	不详	不详	不详	越国大将	大司马
越王允常	？—前 497 年	越国	姒姓	越国国君	国君

吴国阵营

姓名	生卒	祖籍	字	官位爵位	职业
吴王夫差	？—前473年	姑苏	姬姓，吴氏	吴国国君	国君
伍子胥	前559—前484年	楚国	子胥	相国	大夫、谋略家、军事家
伯嚭	？—前473年，一说前473年以后	楚国	子姓，伯氏，名嚭	太宰	吴国大夫
孙武	约前545—约前470年	齐国乐安	长卿	吴国大将	军事家、政治家
吴王阖闾	前547—前496年	吴国	姬姓，名光，又称公子光	吴国国君	国君

晋国阵营

姓名	生卒	祖籍	字	官位爵位	职业
晋定公	？—前475年	晋国	姬姓，名午	晋国国君	国君
赵鞅	？—前476年	晋国	不详	大夫	大夫
司马寅	不详	晋国	不详	将军	将军

齐国阵营

姓名	生卒	祖籍	字	官位爵位	职业
鲍牧	？—前485年	齐国	不详	大夫	大夫

春秋名人

姓名	生卒	祖籍	字	官位爵位	职业
西施	不详	越国句无苎萝村	不详	无	中国古代四大美女之一、间谍

后 记

久与君王共苦辛，功成身退肯逡巡。

五湖渺渺烟波阔，谁是扁舟第二人。

《范蠡》——宋代·王十朋

一提起范蠡这个名字，有些人可能第一时间只能想到"商圣"或者是"财神"。

的确，千百年来，在很长的一段时间里，范蠡一直都被人们视为是古代商业奇才的代表人物，以及"文财神"的化身之一。

但其实，这只不过是范蠡一生中所扮演过的众多角色中的一个而已，历史上真正的范蠡却远不止于此。

如果只简单地用"传奇"二字来形容范蠡的一生，还是显得有些过于苍白了。

但如果是用"恣意"二字，则更为贴切得多。

自古以来，凡鹤立鸡群之人必有过人之处，范蠡便是如此。

他是卧薪尝胆背后的参与者，却是才子佳人爱情传说之中的局外人。

在群雄争霸的春秋年代里，他始终都能以道家的风范潇洒行事，翻手为权，覆手为商，谱写了一段从穷小子到富商、从谋士到商人的"开挂"人生，种种行事作风，现在看来足以称之为"恣意"。

世间如此纷乱，人心如此难测，而范蠡却能始终从容不迫地在两者之间取舍自如，得到政商两界的"无冕之王"，尊享无上成就，实在令人羡慕不已。

吴越战争时，他辅佐越王勾践兴国灭吴，其表现可谓是点睛之笔，在残酷的历史背后留下了有趣且诙谐的烙印。

当然，以上这些还不能够完全彰显出范蠡的独特之处。

翻开历史我们会发现，古今中外聪明智慧之人数不胜数，但能像范蠡这般过得如此潇洒的却不多。

司马迁在《史记》中曾经写过："范蠡三迁皆有荣名，名垂后世，臣主若此，欲毋显得乎？与时逐而不责于人。"

当吴国大败越国，越国将亡之际，是范蠡义无反顾地站出，并坚定地协助勾践，忍辱负重，卧薪尝胆，终助其兴国灭吴，雄霸一方。

试问中华上下五千年，又有几人能有这般化腐朽为神奇的能力？

　　而在大功告成之后，获得无上荣誉的范蠡却出人意料地选择了急流勇退，两袖清风地潇洒离去，云游四海，从此弃政从商，华丽转身，又翻开了另一段崭新的篇章，谱写自己的下半生。

　　此后的范蠡三次聚集家财，又三次散尽，救济穷苦百姓，成为百姓口中那个津津乐道的"财神爷"，流芳百世。

　　相比历史中同为谋士的荀彧和萧何二人有所不同的是，在范蠡的一生中似乎从来没有"沉寂"与"落寞"的时候。

　　无论何时何地，无论身处逆境顺境，范蠡始终都是最闪耀的那颗星。

　　范蠡一生善于借势、顺势、用势，从政从商都是如此。

　　对于这样有智慧而又幸运的人，你不佩服都不行。

　　谁说"一将功成万骨枯"与"飞鸟尽，良弓藏；狡兔死，走狗烹"就一定是千古以来功臣们所躲不开也逃不了的悲哀？

　　范蠡的存在就是推翻这句话的最好证明。

　　也正因为有范蠡这样另类的人物，春秋吴越争霸的历史才会显得不那么残酷和冷血，反而多了几分诙谐与幽默。

　　独特，有时就意味着与众不同。

　　范蠡一生的所思所想，包括他的决策行事都与大众是背道而驰的。

吴越两国争霸，越国惨败，他却挺身而出，对越王勾践不抛弃不放弃，甚至心甘情愿肯与勾践一同到吴国为奴受苦，这是其一。

随后，回到越国尽心尽力辅佐越王勾践复国，一步步终于熬出头，坐上了一人之下万人之上位置时，他却选择急流勇退，带着家人逃离越国，这是其二。

中国古代社会阶级划分明显，士、农、工、商中，商人永远是社会等级最低的那一类人群，而才华横溢的范蠡却偏偏一反常态，出人意料地成为了一名商人，这是其三。

最后，以商为业的十九年间，范蠡三次聚集巨额财富，又三次散尽家财施舍给穷苦百姓，这是其四。

范蠡的一生给予我们后人太多的思考。

水泽已满，凡事都要把握一个"度"，因此要适可而止；有舍才有得，既拿得起，也要放得下，只有摆脱了身上承重的枷锁才会有更好的明天，同时也是对自己的一种交代。

所谓成功细中取，富贵险中求，拍案定乾坤。

只有不断进取，不断冒险，打破常规，开阔眼界，坚持自我，在关键时刻勇于作出一些异于常人的决定，才有可能收获意想不到的结果，最终成为那个"恣意江湖"的人生大赢家。